RUDOLF

Der Weg nach Mayerling
The Road to Mayerling

Rudolf

Der Weg nach Mayerling
The Road to Mayerling

Herausgegeben von Brigitte Hamann

Amalthea

Satz: Rudolf Schaber, Wels
Gesamtherstellung: Wiener Verlag, Himberg bei Wien
Printed in Austria 1988
ISBN 3-85002-263-3

Inhalt · Contents

Vorwort

Das nur dreißig Jahre währende Leben des österreichischen Kronprinzen Rudolf hat erst durch den wenig ruhmvollen Tod in Mayerling am 30. Januar 1889 weltweite Publizität erlangt. Diese Publizität ist in den inzwischen vergangenen einhundert Jahren keineswegs geringer geworden – ganz im Gegenteil: Mehr oder weniger Berufene und Informierte versuchen immer wieder dieselben alten, von der Wissenschaft längst widerlegten Mayerling-Versionen zu Sensationen und damit zu Geld zu machen – und die wirklich aussagekräftigen Quellen – etwa das Tagebuch von Rudolfs Schwester Marie Valerie – nicht zur Kenntnis zu nehmen. Denn der schuldhafte Tod Rudolfs, der ja vor seinem Selbstmord die 17jährige Mary Vetsera auf deren schwärmerisches Verlangen tötete, ist auch heute noch für viele nicht zu akzeptieren.

Im vollen Bewußtsein der geringen Erfolgsaussichten des Unterfangens versuche ich auch mit diesem Buch wieder (wie in der inzwischen in fünfter Auflage vorliegenden Biographie) das Leben und nicht den Tod des Kronprinzen Rudolf in den Mittelpunkt zu stellen. Viel interessanter als all die makabren Einzelheiten der Sterbestunden finde ich nach wie vor diesen so glanzvoll begonnenen Lebenslauf, der in solcher Verzweiflung endete, und die Frage, ob dieses Schicksal des österreichischen Thronfolgers symptomatisch sein könnte für die alte k. u. k. Monarchie im ganzen.

Dieses Leben in Bildern zu dokumentieren, ist jedoch schwierig, selbst bei einem so häufig fotografierten Menschen, wie es der Kronprinz war. Die Fotografie hatte noch lange Belichtungszeiten, und dementsprechend förmlich und offiziell sind die Fotos. Die illustrierten Zeitungen wurden noch hauptsächlich von Schnellzeichnern beliefert: Das macht einerseits den altertümlichen Reiz der Bilder, andererseits aber auch die Begrenzung aus.

Das größte Problem aber besteht in der Diskrepanz zwischen öffentlichem und privatem Leben. Rudolfs öffentliches Leben ist überaus reichlich dokumentiert, angefangen von einer Überfülle von Kinderfotos. Auch Huldigungsadressen sind in großen Mengen erhalten: all die zu Bild und Schrift gewordenen Zeichen des Patriotismus, oft überschwenglich devot und unterwürfig, schon diesem Kind gegenüber.

Was die Darstellung politischer Beziehungen angeht, so beziehen sich natürlich alle zeitgenössischen Bilder auf die offizielle Politik Österreich-Ungarns, in deren Mittelpunkt das deutsch-österreichische Bündnis von 1879 stand. Zur Bekräftigung dieses Zweibundes wurden immer wieder die beiden gleichaltrigen Thronfolger, Rudolf und Wilhelm (der spätere Kaiser Wilhelm II.) miteinander fotografiert. Daß Rudolf als Privatperson eben dieses Bündnis ablehnte und in seinem letzten Lebensjahr geradezu verzweifelt dagegen ankämpfte, ist mit Bildern nicht zu dokumentieren und nur seinen Schriften zu entnehmen. An diesem Beispiel zeigt sich, wie sehr das Individuum des Kronprinzen vom offiziellen Interesse des Hofes und Staates überdeckt wird. Ganz ähnliches gilt für seinen Freundeskreis: der standesgemäße Umgang eines Habsburgers – die Hocharistokratie – ist gut dokumentiert. Die wirklichen Freunde aber, die bürgerlichen Intellektuellen und Journalisten, mußten heimlich und unter Ausschluß der Öffentlichkeit in die Hofburg zum Kronprinzen kommen. Ähnliches gilt natürlich in weit stärkerem Maß für Rudolfs Beziehungen zu den Frauen – von Mayerling gar nicht zu reden.

Trotzdem wurde in dieser Dokumentation versucht, den glanzvoll-bitteren Weg nach Mayerling behutsam in Bildern zu zeigen.

Wien, im Sommer 1988 *Brigitte Hamann*

Introduction

The brief life of the Austrian Crown Prince Rudolf attained worldwide publicity only through his inglorious death at Mayerling, where he died on 30 January 1889 at the early age of thirty years. The publicity has by no means decreased during the past one hundred years – quite the reverse: Again and again barely qualified and ill-informed efforts are made to create sensations, and gain money, out of the stale Mayerling versions long refuted by historiography, while the genuinely informative sources – like the diary of Rudolf's sister Marie Valerie – are deliberately ignored. Even today the culpability of Rudolf, who killed the 17-year-old Mary Vetsera upon her ardent request before taking his own life, remains patently unacceptable for many.

Fully aware of the modest chances of the venture, I have once more tried to dwell on the life and not on the death of Crown Prince Rudolf in this book (as in the biography which has meanwhile reached its fifth edition). I still believe that his career, which began so gloriously and ended in such despair, is of much greater interest than the macabre details of his last hours. Far more engrossing also, in my view, is the question whether the fate of the Austrian heir apparent might be seen as a symptom of the old k. u. k. (imperial and royal) monarchy as a whole.

This life can only be documented with some difficulty, however, even though the Crown Prince was frequently photographed. Long exposures were still required then, which accounts for the formal and official character of the photos. Hence the illustrated serials mainly relied on speedily executed drawings. This may lend an old-time charm to the pictures, but it restricted their range.

The main problem, however, arises from the discrepancy between the public and the private life. The former is indeed profusely recorded, starting with an abundance of childhood portraits. Adulatory addresses also are plentiful; tokens of a patriotism which expresses itself through pictures and letters, where a mere infant is extolled in a lavish and servile way.

As one would expect, the representation of political relations exclusively refers to the official policy of Austria-Hungary, which centred on the Austrian-German alliance of 1879. Rudolf and Wilhelm (the later Emperor Wilhelm II), the two heirs apparent who happened to be of the same age, were often photographed together to assert the dual alliance. There are no pictures to show Rudolf's personal aversion against this very alliance. That he fought quite desperately against it in the last year of his life, can only be inferred from his writings. This example may indicate to what extent the individual personality of the prince was covered by the official concerns of the court and the state. A similar consideration applies to his associates and friends: The social contacts that befitted a Habsbury – the nobility – are well recorded. But his real friends, the middle-class intellectuals and journalists, had to enter the Hofburg secretly to see the Crown Prince. Rudolf's relationships to women were, of course, better concealed from the public – and Mayerling even more so.

Nevertheless, a carefully meditated attempt has been made with this documentation to let pictures reflect the ever so splendid and yet bitter road to Mayerling.

Vienna, summer 1988 *Brigitte Hamann*

Kindheit

Childhood

Kaiser Franz Joseph zeigt dem versammelten Hofstaat den neugeborenen Kronprinzen.
The Emperor Franz Joseph presents the newborn Crown Prince to the assembled court.

Dieses Huldigungsblatt anläßlich von Rudolfs Geburt zeigt die Hoffnungen, die die Völker Österreichs auf den neuen Sproß des Hauses Habsburg setzten: Auf dem für ihn einst bestimmten Thron liegen die verschiedenen Kronen bereit: die österreichische, die böhmische, die ungarische. Unter dem doppelköpfigen Adler schweben die Ahnherren: im Bild Rudolf von Habsburg, der erste Herrscher des Hauses, daneben die Begründer des Hauses Habsburg-Lothringen, Kaiserin Maria Theresia und Franz I. Oben Mitte: die Eltern; links die väterlichen Großeltern Erzherzog Franz Karl und Erzherzogin Sophie, rechts die mütterlichen Großeltern, Herzogin Ludovika und Herzog Max in Bayern.

This piece of iconography occasioned by Rudolf's birth indicates the expectations which the Austrian nations placed in this new offspring of the House of Habsburg: The Austrian, the Bohemian, and the Hungarian crowns are arranged on the throne destined for him. Under the double-headed eagle the ancestors are floating: on the picture Rudolf of Habsburg, the first ruler of the dynasty, flanked by the founders of the House of Habsburg-Lorraine, Empress Maria Theresia and Franz I. Top centre: the parents; on the left the paternal grandparents, Archduke Franz Karl and Archduchess Sophie, on the right the maternal grandparents, Duchess Ludovika and Duke Max in Bavaria.

Titelblatt der „Laxenburger Polka“, die Josef Strauß aus Anlaß der Geburt des Kronprinzen komponierte. Das Blatt zeigt eine Ansicht des Schlosses Laxenburg.

Title page of the 'Laxenburg Polka' composed by Josef Strauß on the occasion of the birth of the Crown Prince. The page shows a view of Laxenburg Castle.

Außerdem komponierte Josef Strauß aus diesem Anlaß noch den „Österreichischen Kronprinzenmarsch, op. 59“ für das 19. Infanterie-Regiment, dessen Oberst-Inhaber Rudolf vom ersten Lebenstag an war.

In addition Josef Strauß celebrated the occasion with the 'March of the Austrian Crown Prince, opus 59' for the 19th infantry regiment, whose Colonel-in-Chief Rudolf became on his birth.

Die junge Mutter, Kaiserin Elisabeth, mit dem neugeborenen Kronprinzen und der zwei Jahre alten Erzherzogin Gisela. An der Wand das Bild der ein Jahr zuvor gestorbenen ältesten Tochter Sophie. Aquarell von Josef Kriehuber.

The young mother, Empress Elisabeth, with the newborn Crown Prince and the two-year-old Archduchess Gisela. On the wall a picture of the eldest daughter Sophie, who had died one year earlier. Water colour by Josef Kriehuber.

Der am Wiener Hof vielbeschäftigte Maler Georg Raab (1821–1885) malte diese Miniaturen des heranwachsenden Kronprinzen. Die Bilder stammen aus dem Nachlaß der Kronprinzentochter Elisabeth Windischgrätz-Petznek, die sie der staatlichen Sammlung Albertina vererbte.

Georg Raab (1821–1885), an artist much employed by the Vienna court, painted these miniatures of the growing Crown Prince. The pictures come from the estate of Elisabeth Windischgrätz-Petznek, the daughter of the Crown Prince, who left them to the public collection Albertina.

Die kaiserliche Familie mit dem kleinen Kronprinzen. Sitzend von links: Kaiserin Elisabeth mit Rudolf und Gisela, die Großmutter, Erzherzogin Sophie, und der Großvater, Erzherzog Franz Karl. Stehend von links: Kaiser Franz Joseph, Erzherzog Ferdinand Maximilian (der wenige Jahre später die Kaiserkrone von Mexiko annahm) mit seiner Gemahlin Charlotte, einer Tochter König Leopolds I. von Belgien, und die beiden jüngsten Brüder des Kaisers, Erzherzog Ludwig Viktor und Erzherzog Karl Ludwig.

The imperial family with the little Crown Prince. Seated from the left: Empress Elisabeth with Rudolf and Gisela, Archduchess Sophie, the grandmother, and Archduke Franz Karl, the grandfather. Standing from the left: Emperor Franz Joseph, Archduke Ferdinand Maximilian (who was to accept the Imperial Crown of Mexico a few years later) with his wife Charlotte, a daughter of King Leopold I of Belgium, and the two youngest brothers of the Emperor, Archduke Ludwig Viktor and Archduke Karl Ludwig.

Vom Briefpapier über Wäsche, Porzellan und Silber war im Haushalt des kindlichen Kronprinzen alles mit seinem kronengeschmückten Monogramm versehen. Hier als Beispiel Seifenschale und Schwammhalter mit grau-schwarzem Dekor aus böhmischem Porzellan um 1875 (Marke der 1853 in Pirkenhammer/Böhmen gegründeten Porzellanfabrik).

Every item in the household of the infant Crown Prince, from writing paper to linen, porcelain and silver, was marked by his initials surmounted by the imperial crown; e.g. soap dish and sponge holder with grey-black design of Bohemian porcelain at about 1875 (trade mark of the porcelain factory at Pirkenhammer/Bohemia established in 1853).

Der kleine Kronprinz war noch nicht zwei Jahre alt, als die Ehe seiner Eltern in eine schwere Krise geriet. Die Mutter verließ die Familie für (mit nur kurzen Unterbrechungen) zwei Jahre. Die Großmutter Sophie und der Vater nahmen sich der beiden Kleinkinder an. Dieses Foto erreichte die junge Kaiserin 1860 auf der Insel Madeira.

The little Crown Prince was not yet two years old when the marriage of his parents entered a serious crisis. The mother left the family for two years (interrupted by brief returns only). Sophie, the grandmother, and the father took care of the two small children. This foto reached the young Empress on the island of Madeira in 1860.

Der kleine Kronprinz war ein hochsensibles, sehr einsames Kind, das sich innig an seine nächste Umgebung, seine um zwei Jahre ältere Schwester Gisela und seine Kinderfrauen, anschloß und ihnen zeitlebens Treue bewahrte.

The little Crown Prince was an extremely sensitive and very lonely child who attached himself affectionately to those closest to him, his sister Gisela, his senior by two years, and his nursemaids; to them he remained loyal throughout his life.

Von links: Die Erzieherin („Aja"), Baronin Charlotte von Welden, die „Kindsfrau" Anna Kathrein und die beiden „Kindsmädchen" Anna von Csaby und Marie Legrenzi.

From the left: the governess ('Aja'), Baroness Charlotte von Welden, the 'childswoman' Anna Kathrein and the two 'childsmaids' Anna von Csaby and Marie Legrenzi.

Da sie zwar Sehnsucht nach den Kindern, nicht aber nach dem Wiener Hof und der dort maßgebenden Schwiegermutter, Erzherzogin Sophie, hatte, ließ sich die Kaiserin 1861 Gisela und Rudolf nach Venedig schicken, wo sie einige Zeit mit ihnen verbrachte. Die Kinder waren von ihrer „Aja", Baronin Charlotte von Welden, begleitet (in der Gondel im Hintergrund).

Since the Empress longed for her children but not for the Vienna court and her domineering mother-in-law, Archduchess Sophie, she had Gisela and Rudolf brought to Venice in 1861 where she spent some time with them. The children were accompanied by their 'Aja', Baroness Charlotte von Welden (in the background of the gondola).

Im damals noch österreichischen Venedig kam es auch zu einem Treffen des Kaiserpaares.

Venice, at that time still under Austrian rule, was the scene of a reunion of the imperial couple.

Rudolfs dritter Geburtstag am 21. August 1861 wurde — in Abwesenheit der Mutter — in der Sommerfrische in Reichenau an der Rax sehr festlich begangen. Ein Fotograf machte zur Feier des Tages eine große Serie von Bildern *(rechts Beispiele daraus).*

Rudolf's third birthday on 21 August 1861 was celebrated with much splendour — in the absence of his mother — at the holiday resort Reichenau at the foot of the Rax mountain range. In honour of the occasion a photographer took a large number of pictures *(see the examples on the right).*

Rudolf und seine Schwester Gisela stehen mit der Kinderfrau auf dem Balkon der „Rudolfsvilla“ in Reichenau.

Rudolf and his sister Gisela stand with their nursemaid on the balcony of 'Villa Rudolf' at Reichenau.

Die beiden Kinder vor dem Blockhäuschen in Reichenau, das Rudolf zu seinem Geburtstag als Geschenk erhielt.

The two children in front of the little log-cabin at Reichenau, which Rudolf received as a birthday present.

Ein weiteres Geburtstagsgeschenk war dieser zweispännige Eselswagen (der sich heute in der Wagenburg von Schönbrunn befindet).

Another birthday present was this cart for two donkeys (now exhibited in the Coach Museum at Schönbrunn Palace).

Das Reiten fiel dem kleinen Prinzen sichtlich schwer.

Riding seems to have proved difficult for the little prince.

Im Alter von sechs Jahren war der Kronprinz laut höfischem Brauch seinen Kinderfrauen entwachsen und wurde einem männlichen Erzieher anvertraut, dessen erste Aufgabe es nach Franz Josephs Befehl war, den allzu sensiblen Knaben zu einem „guten Soldaten" zu machen und abzuhärten. Leopold Graf Gondrecourt (oben) war dieser erste Erzieher, der durch seine rigorosen Abhärtungsmaßnahmen das Kind im Laufe eines Jahres zu einem überängstlichen und verschreckten Kranken machte. Durch Vermittlung der alten „Aja", Baronin von Welden, wurde die ansonsten an ihrem Sohn kaum interessierte Kaiserin um Hilfe gebeten. Elisabeth setzte die (ehrenvolle) Entlassung Gondrecourts und die Bestellung eines neuen, warmherzigen Erziehers durch, in der Person des Oberst Latour, zu dem der kleine Kronprinz bald eine schwärmerische Zuneigung faßte („mein liebes Alterle"), und der ihm ein echter Vaterersatz war.

At the age of six years the Crown Prince was held to be above the care of his nursemaids, according to the customs of the court, and was therefore entrusted to a male tutor, who regarded it as his prime task to turn the excessively sensitive boy into a 'good soldier' and to toughen him as the Emperor had decreed. This first tutor was Count Leopold Gondrecourt (left), whose rigid hardening measures reduced the child to an overanxious and intimidated invalid in the course of one year. Through the intervention of old 'Aja', Baroness von Welden, the Empress, usually hardly interested in her son, was approached for assistance. Elisabeth managed to effect the (honourable) dismissal of Gondrecourt and achieved the appointment of a new, warmhearted tutor. This was Colonel Latour, to whom the little Crown Prince soon became enthusiastically attached. 'My dear old man' was a genuine surrogate father for him.

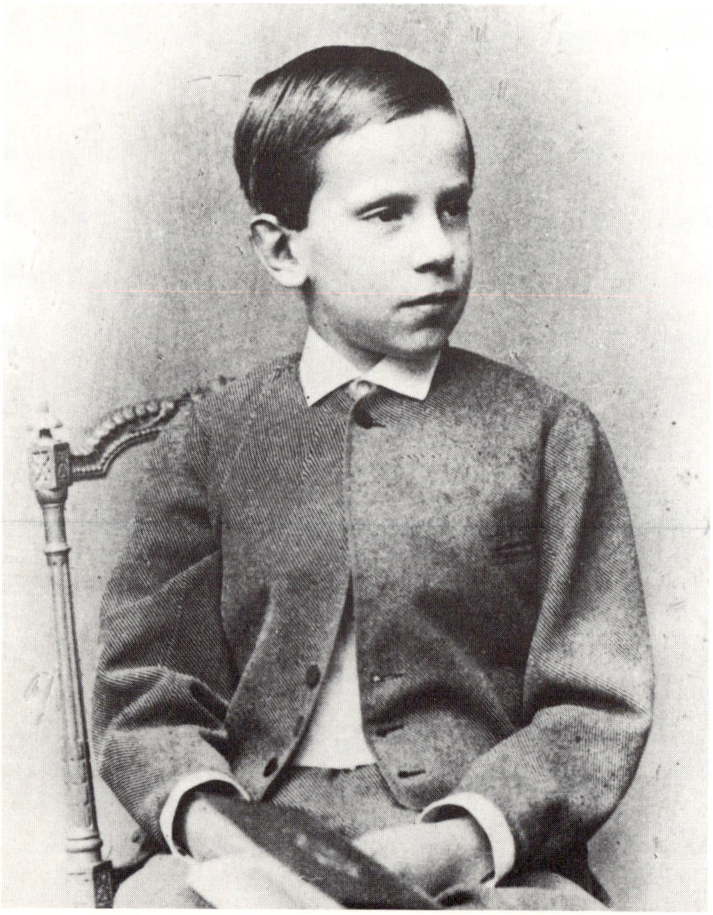

Der Erzieher Joseph Latour von Thurmburg, der von der Kaiserin protegiert wurde, setzte allen Hofintrigen zum Trotz bürgerliche, liberale Lehrer für den Kronprinzen durch, die auf der Höhe der zeitgenössischen Wissenschaft standen. Sie erzogen den jungen Kronprinzen zu einem kritischen, liberal denkenden jungen Mann. Unter den vielen prominenten Lehrern ragt der Geologe Prof. Dr. Ferdinand Hochstetter, der Gründer des Naturhistorischen Museums in Wien (zweiter von rechts, sitzend) besonders hervor.

Rudolf's tutor, Joseph Latour von Thurmburg, whom the Empress favoured, succeeded in engaging liberal, non-aristocratic teachers for the Crown Prince, who were well abreast of scientific progress. Under their influence the prince developed into a critical, open-minded young man. Among the many prominent teachers the geologist Professor Dr Ferdinand Hochstetter, the founder of the Museum of Natural History in Vienna (second from the right, seated), was especially outstanding.

Rudolf erwies sich als außerordentlich begabter, interessierter, wenn auch etwas nervöser und allzu sensibler Schüler.

Rudolf proved a highly gifted, attentive, though somewhat high-strung and extremely sensitive pupil.

Von seiner frühesten Kindheit an hatte der Kronprinz den Hof in der Öffentlichkeit zu repräsentieren; z.B. mit einer Spielzeug-Schiebetruhe unter den Ringstraßen-Arbeitern, beim Besuch eines Waisenhauses und einer Volksküche.

From his earliest childhood on the Crown Prince had to represent the Court in public, as e.g. pushing a toy wheel-barrow among the workers at the building of the Ringstrasse-boulevard, visiting an orphanage and a popular kitchen.

Eine der zahlreichen Huldigungsadressen an den jungen Kronprinzen: hier bei seinem Besuch des Akademischen Gymnasiums in Prag im Dezember 1871.

One of the numerous tributary addresses to the young Crown Prince, here on his visit to the boys school Akademisches Gymnasium in Prague in December 1871.

Die katastrophale Niederlage gegen Preußen in der Schlacht von Königgrätz zwang die kaiserliche Regierung 1866 zu Zugeständnissen in der Innenpolitik. Grundlage der neuen Liberalisierung bildete der „Ausgleich“ mit den noch vor kurzem rebellischen Ungarn. Der Kronprinz erlebte die Krisenwochen in der Nähe der Mutter in Ungarn mit und sah auch bald in Elisabeths Freund, Graf Gyula Andrássy, seinen verehrten politischen Mentor. Die Krönung seiner Eltern zu König und Königin von Ungarn 1867 war einer der Höhepunkte von Rudolfs Kindheit. Hier das ungarische Königspaar mit den beiden Kindern vor dem Schloß Gödöllö, wo sich Elisabeth mehr und mehr aufhielt.

The catastrophic defeat at the hands of Prussia at the battle of Königgrätz (Sadowa) forced the imperial government to make concessions in its domestic policy. The 'compromise' with Hungary, which had been rebellious only recently, became the basis of the new liberalisation. The Crown Prince spent the critical weeks close to his mother in Hungary where he soon began to view Elisabeth's friend, Count Gyula Andrássy, as his revered political mentor. The coronation of his parents as King and Queen of Hungary in 1867 was one of the highlights of Rudolf's childhood. The Hungarian royal couple with their two children are here seen in front of Gödöllö Castle, which Elisabeth increasingly favoured with her presence.

Als Geschenk für die ungarische Nation wurde das 1868 geborene jüngste Kaiserkind, Rudolfs Schwester Marie Valerie, präsentiert: in Budapest geboren, von Ungarn in ungarischer Muttersprache aufgezogen. Auf dieses von der Mutter verhätschelte Kind reagierten die beiden älteren, eindeutig vernachlässigten Kaiserkinder mit ohnmächtiger Eifersucht.

The youngest imperial child, Rudolf's sister Marie Valerie, was presented as a gift to the Hungarian nation. Born in Budapest, she learnt Hungarian as her first language. The two elder, and doubtless neglected imperial children evinced impotent jealousy towards the child, whom the mother pampered.

Links: Die Ungarische Königsfamilie vor Schloß Gödöllö 1868.
Unten: von links: König Franz Joseph mit dem ungarischen Ministerpräsidenten Graf Gyula Andrássy, die Amme mit der kleinen Marie Valerie, Elisabeth, hinter ihr ihre „Vorleserin" Ida Ferenczy, Rudolf und Gisela, die Hofdame Gräfin Marie Festetics und Elisabeths Obersthofmeister Graf Nopcza.

Above: The Hungarian royal family in front of Gödöllö Castle in 1868.
Below: from the left: King Franz Joseph with the Hungarian Prime Minister Count Gyula Andrássy, the nurse with the little Marie Valerie, Elisabeth, behind her her 'reader' Ida Ferenczy, Rudolf and Gisela, Countess Marie Festetics, lady-in-waiting, and Elisabeth's Chief Chamberlain, Count Nopcza.

In alter aristokratischer Tradition stand die Pflege des Reitsportes. Von Jugend an wurde der Kronprinz im Reiten trainiert — hatte aber nur äußerst mäßige Erfolge in dieser Disziplin. Mit den Reiterkünsten seiner Mutter, der Kaiserin Elisabeth, konnte er nie mithalten.

Riding was much cultivated in the old aristocratic tradition. Although the Crown Prince was trained as a horseman from his childhood onwards he only reached a moderate proficiency in this discipline. He never attained the perfection of his mother, Empress Elisabeth.

Rudolf bei einer Dressurübung mit einem Lipizzaner in der Winterreitschule der Wiener Hofburg, gemalt von W. Richter. (Aus der Verlassenschaft von Rudolfs Tochter, Elisabeth Windisch-grätz-Petznek.)

Rudolf mounted on a Lipizzaner horse at a dressage training in the Winter Riding School of the Vienna Hofburg (the Imperial Town Residence). Painting by W. Richter (from the estate of Rudolf's daughter, Elisabeth Windischgrätz-Petznek).

Porträt des Siebzehnjährigen von G. Raab 1875 (mit der Verlassenschaft der Kronprinzessin Stephanie in den Besitz des Klosters Pannonhalma in Ungarn gelangt).

Portrait of the seventeen-year-old prince by G. Raab, 1875 (acquired by the monastery of Pannonhalma, Hungary, with the estate of Crown Princess Stephanie).

Erzherzogin Sophie, die Mutter Franz Josephs, nahm bei den ältesten beiden Kaiserkindern Mutterstelle ein. Ihr Tod 1872 traf den dreizehnjährigen Rudolf (hier neben seiner Schwester Gisela hinter Franz Joseph und dem Großvater, Erzherzog Franz Karl) schwer. Kniend vor der aufgebahrten Leiche die Kaiserin Elisabeth.

Archduchess Sophie, Franz Joseph's mother, assumed the part of a mother for the two eldest imperial children. Her death in 1872 affected the thirteen-year-old Rudolf deeply. (The prince is here depicted with his sister Gisela behind Franz Joseph and the grandfather, Archduke Franz Karl.) The Empress kneels before the body lying in state.

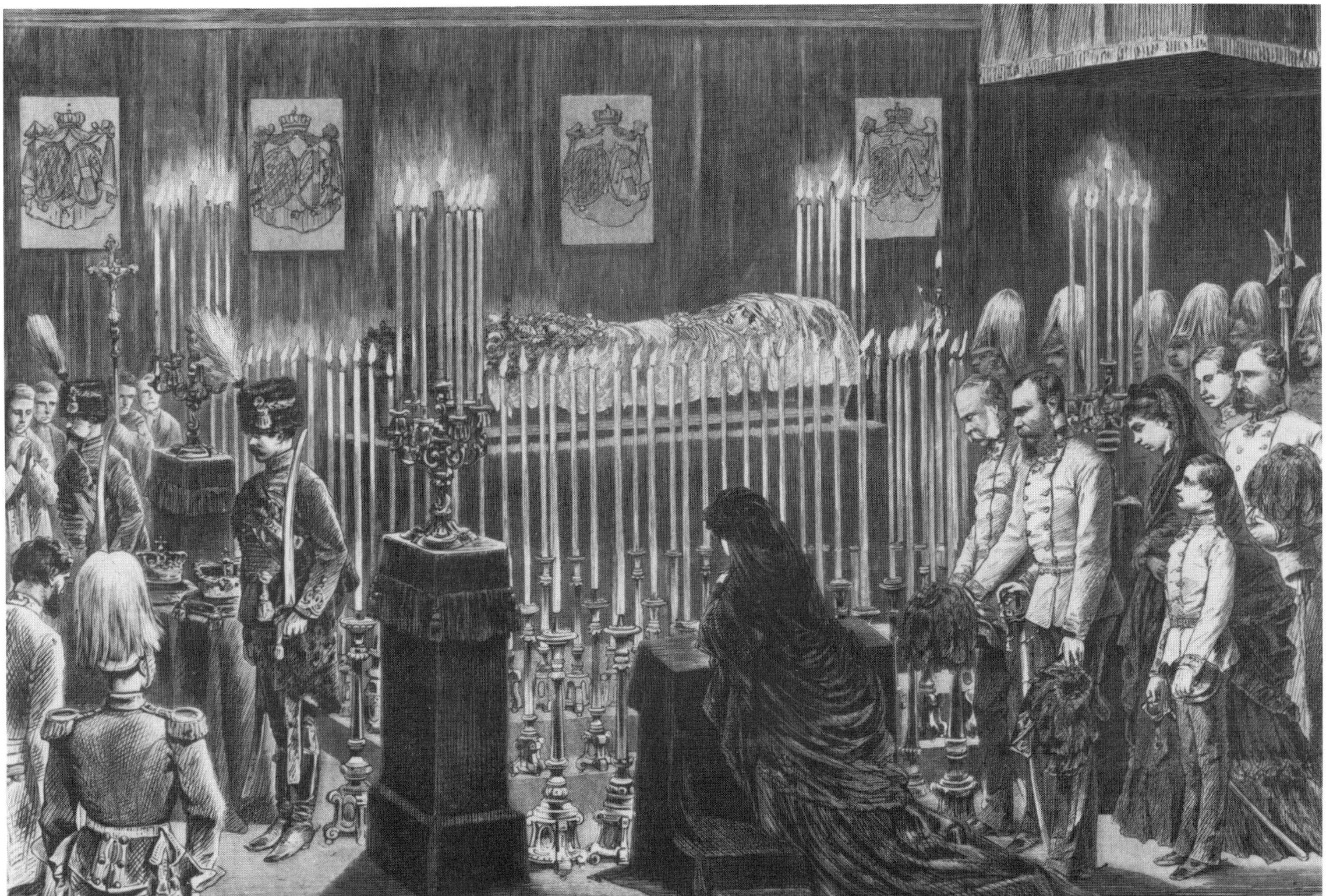

Beispiele für den offiziellen Einsatz als Kronprinz: Gedenkblatt für die hohen Gäste der Weltausstellung in Wien 1873, gruppiert um Kaiser und Kronprinz (zwischen ihnen der deutsche Kaiser Wilhelm I., rechts dahinter König Umberto von Italien, rechts sitzend der Schah von Persien).

Examples of the public engagements of the Crown Prince: Commemorative graphic for the distinguished guests at the Vienna World Exhibition in 1873, here grouped round the Emperor and the Crown Prince (between them the German Emperor Wilhelm I, behind on the right King Umberto of Italy, seated on the right the Shah of Persia).

Kaiser und Kronprinz am Vorabend des 25jährigen Regierungsjubiläums 1873 am Schwarzenbergplatz im offenen Wagen, hinter ihnen, im geschlossenen Fiaker kaum erkennbar: Kaiserin Elisabeth.

The Emperor and the Crown Prince on the eve of the twenty-fifth jubilee of Franz Joseph's reign in 1873 at Schwarzenbergplatz in an open carriage; behind them, barely visible in the closed fiacre, Empress Elisabeth.

Seltene Stunden mit der umschwärmten Mutter

Rare hours with his ardently beloved mother

Bei einer Schlittenfahrt in Ungarn.

On a sleigh ride in Hungary.

Zu Pferd vor dem Lusthaus im Wiener Prater.

Mounted in front of the Lusthaus pavillion in the Vienna Prater.

Wissenschaftliche Interessen

Scientific Interests

Zoologie und vor allem Ornithologie waren die Studienfächer, für die sich Rudolf vor allem begeisterte. Schon früh suchte er den Kontakt zu dem berühmtesten Zoologen seiner Zeit, Alfred Brehm, besuchte dessen Wiener Vorlesungen (oben) und lud ihn zu ornithologischen Forschungsfahrten, so eine Reise in die südungarischen Donauauen 1878 (gemeinsam mit dem Ornithologen Eugen Homeyer) ein, um die dortigen Adler zu studieren (ganz oben). Brehm widmete dem Kronprinzen einige seiner Arbeiten und nahm einige Vogelbeschreibungen des Kronprinzen in die zweite Auflage seines „Thierlebens“ auf.

Zoology and above all ornithology were subjects Rudolf was particularly enthusiastic about. Early on he sought the acquaintance of the most famous zoologist of his time, Alfred Brehm, attended his Vienna lectures (above) and invited him (and the ornithologist Eugen Homeyer) on ornithological excursions, as e.g. a journey to the South Hungarian Danube region in 1878 to observe the eagles of the river forests (topmost picture). Brehm dedicated some of his publications to the Crown Prince and included some descriptions of birds by the prince in the second edition of his 'Life of Animals'.

Jagdbeute eines Tages der Orientreise.
A day's bag on the tour of the Orient.

Brehm und Rudolf auf einer Jagd in Kroatien.
Brehm and Rudolf on a hunt in Croatia.

EHREN-DIPLOM
des
Deutschen Vereins zum Schutze der Vogelwelt
für
Se. k. k. Hoheit den Kronprinzen von Oesterreich-Ungarn
Herrn
Erzherzog Rudolph.

Zangenberg, den 6. December 1882.

DAS PRÄSIDIUM:

v. Diest. W. Thienemann
Ehren-Präsident. I Vorsitzender. II Vorsitzender I Schriftführer

Rudolf berief 1884 den Ersten Internationalen Ornithologen-Kongreß nach Wien ein und fungierte als dessen Protektor. Viele in- und ausländische ornithologische Gesellschaften ehrten ihn mit einer Ehrenmitgliedschaft, so auch in Deutschland.
Zu dem um dreißig Jahre älteren Brehm faßte der Kronprinz eine schwärmerische Zuneigung, die am Hof zu Empörung führte, denn Brehm war nicht nur Darwinist, sondern auch Freimaurer. Schließlich verbot der Kaiser 1880 seinem Sohn den weiteren Umgang mit dem Wissenschaftler.

In 1884 Rudolf convened the First International Congress of Ornithologists in Vienna and acted as its Honorary Chairman. Many domestic and foreign ornithological societies (among others in Germany) offered him their honorary membership.
The Crown Prince became ardently fond of Brehm, his senior by thirty years. This was much resented at court, since Brehm was not only a Darwinist, but also a freemason. In 1880 the Emperor finally forbade his son to maintain further contacts with the scientist.

Eine Orientreise

vom Jahre 1881

beschrieben vom

Kronprinzen Rudolf von Oesterreich

illustrirt mit

Holzschnitten nach Original-Zeichnungen von Franz von Pausinger.

Höhepunkt der Orientreise 1881 war der Besuch Palästinas. Links: die Ankunft in Jaffa, oben: Empfang des Kronprinzen durch österreichische Juden vor Jerusalem, unten: Einzug Rudolfs in Jerusalem.
Der Maler Franz Pausinger begleitete den Kronprinzen auf dieser Reise und zeichnete die Illustrationen für Rudolfs 1885 in Wien erschienenes, berühmtestes Buch „Eine Orientreise".

The climax of the tour of the Orient was the visit of Palestine. On the left: the arrival in Jaffa, above: reception of the Crown Prince by Austrian Jews before Jerusalem, below: Rudolf's entry into Jerusalem.
The artist Franz Pausinger accompanied the Crown Prince and drew the illustrations for Rudolf's most famous book 'A Tour of the Orient', which appeared in Vienna in 1885.

Die naturforschende Gesellschaft zu Görlitz
beehrt sich durch dieses Diplom
Seine Kaiserliche und Königliche Hoheit
den durchlauchtigsten Kronprinzen
Erzherzog Rudolf von Österreich
zu ihrem Ehrenmitgliede zu ernennen.

Görlitz den 23. April 1879.

Das Präsidium

Das offenkundige Interesse schon des jungen Kronprinzen für Geographie und seine ab 1878 erscheinenden Reiseberichte („Fünfzehn Tage auf der Donau“) nährten die Hoffnung auf eine neue, wissenschaftsfreudigere künftige Regierung. In- und ausländische Ehrungen, so auch der berühmten „naturforschenden Gesellschaft zu Görlitz“, bestärkten Rudolfs Engagement.

The declared interest of the young Crown Prince in geography and his travelogues, which appeared from 1878 onwards ('Fifteen Days on the Danube') gave rise to hopes for a new and more scientifically minded reign of the future. Honours gained at home and abroad, as e.g. by the famous 'Scientific Society at Görlitz', encouraged Rudolf's dedication.

Tableau mit den berühmtesten österreichischen Forschungsreisenden und Geographen, die um den Kronprinzen gruppiert sind (rechts oben Rudolfs Lehrer Ferdinand von Hochstetter).

Tableau with the most famous Austrian explorers and geographers, who are here grouped round the Crown Prince (above right Rudolf's teacher Ferdinand von Hochstetter).

NEUE ILLUSTRIRTE ZEITUNG

Abonnements-Preise mit wöchentl. Postversendung:
Für Oesterreich-Ungarn: Ganzjährig 8 fl., halbj. 4 fl., viertelj. 2 fl.
Für Deutschland: Ganzj. 16 Mark, halbj. 8 Mk., viertelj. 4 Mk.
Für das übrige Europa: Ganzjährig 20 Francs.
Erscheint jeden Sonntag.
Einzelne Nummern 20 kr.

Inserate sowie Kundmachungen aller Art werden nach aufliegendem Tarif berechnet und können direct bei der Expedition oder bei den Annoncen-Bureaux aller Länder aufgegeben werden.
Manuscripte werden nicht zurückgestellt.
Redaction: Wien, Gumpendorferstr. 50.
Expedition: Wien, Stadt, Renngasse 5.

No. 40. II. Band. XII. Jahrgang. Illustrirtes Familienblatt. Wien, 29. Juni 1884.
Herausgeber: Karl Emil Franzos.

EINIGE TAGE IN KORFU und einige Stunden in Albanien.

Von R.

Schwere Augusthitze lag bleiern über die ganze Natur ausgebreitet, kein Lüftchen gab Erholung, keine Wolke hing am hellen Firmamente, heiße Sonnenstrahlen brannten sengend auf die öden Felswände der albanesischen Gebirge und das hellblaue Meer breitete sich ruhig wie ein See in seiner endlosen Schönheit aus. Nicht die geringste Welle zitterte am Spiegel und nur hie und da schnappte ein feister Delphin keuchend nach Luft empor und große Möven schwebten erschöpft mit offenem Schnabel, matten Fluges über die weite Fläche.

Ein Bild des Friedens; in heißen, gesättigten Farben schien die herrliche Landschaft durch die Mittagsglut südlicher Sommer-Sonne in die träge Ruhe des dolce far niente eingelullt zu sein.

Erschöpft von der gräßlichen Hitze saß ich am Verdeck des Dampfers und blickte hinaus über die endlose, blaue Fläche und hinüber nach den hohen, kahlen, schöngeformten, kreideweißen Hochgebirgen.

Zu unserer Linken wechselvolle Bilder, Berge, hohe Spitzen, steile Wände, einsame Felsthäler, weiße und hellgelbe Töne, scharf abstechend vom tiefblauen Firmamente und den dunkelgrünen Pinien, graugrünen Oliven und malerisch erbauten Dörfern des Ufergeländes. Doch auch zur Rechten wird die endlose Ruhe der Meeres unterbrochen durch die felsigen Eilande Merlera und Fano.

Der Eingang in den mit Recht berühmt schönen Canal von Korfu ist erreicht, und ähnlich einem herrlichen Gebirgssee erscheint hier das Bild umrahmt von malerischen Gestaden.

Die Insel Korfu rechts, und links das kahle Albanien; üppig grüne Vegetation in südlicher Pracht zwischen Häusern und Felsen und schöngeformten Bergen, freundlich blühend, auf einer Seite; erhaben großartige Gebirgsmassen in prächtigen Beleuchtungen schimmernd, ernstes Gestein, vegetationsarme Felsenlandschaft auf der andern Seite, und Beides trennend, das hellblaue Meerwasser des ruhigen Canals.

Südliche Meere sind alle schön, doch am reizendsten sind die Gewässer, welche hellenische Küsten bespülen, und ihr herrliches Blau mußte einstens, in besseren Tagen freundlich schönen Göttergestalten zur Behausung dienen.

Die Einfahrt in die Bucht von Korfu, unter die staffelförmig aufgebaute Stadt, mit dem castellgekrönten,

Rudolfs Zeitungsserie über „Einige Tage in Korfu und einige Stunden in Albanien", die er auch der Kaiserin Elisabeth zuliebe schrieb. Sie ließ sich ja bald auf Korfu in ihrem neuen Schloß „Achilleion" nieder.

Rudolf's newspaper series 'Some Days in Corfu and a few Hours in Albania', was written to please the Empress, who was soon to settle at Corfu in her newly built castle 'Achilleion'.

WISSENSCHAFTLICHER CLUB.
I. Eschenbachgasse 9.

Sitz-Nr.

EINTRITTS-KARTE
zum
VORTRAGE
des Herrn
Professors Dr. Ernst Häckel
am 25. März 1878, 7 Uhr Abends
im großen Festsaale des Oest. Ingenieur- u. Architekten-Vereines
I. Eschenbachgasse 9, 2. Stock.

Diese Karte ist beim Eintritte abzugeben.

Mineralien-Sammlung
Sr kais. kön. Hoheit
des Kronprinzen Erzherzog
Rudolph.
No 74
Blauspath
Fundort

Rudolfs Schreibtisch in der Hofburg mit Hinweisen auf seine naturkundlichen Vorlieben.
Bei jeder Gelegenheit demonstrierte der Kronprinz seine Wertschätzung der Naturwissenschaften, so erschien er auch beim Vortrag des von der Kirche wegen seiner darwinistischen Anschauung angegriffenen Naturwissenschaftlers Ernst Häckel.

Inventarzettel von Rudolfs Mineraliensammlung, die er unter Anleitung seiner Lehrer begann und selbständig fortsetzte — ebenso wie eine archäologische Sammlung.
Zu den zoologischen Aktivitäten gehörte auch eine Hundezucht, die Rudolf in seiner Prager Zeit aufbaute.

Rudolf's writing desk in the Hofburg indicating his favourite scientific pursuits.
The Crown Prince would miss no opportunity to demonstrate his appreciation of the sciences. Thus he attended the lecture by the scientist Ernst Häckel, whom the Church attacked on account of his Darwinist views.

Inventory slip of Rudolf's collection of minerals. It was started under the guidance of his teachers, but like his archeological collection extended independently afterwards.
His zoological activities comprised a dog kennel, which Rudolf had set up during his time in Prague.

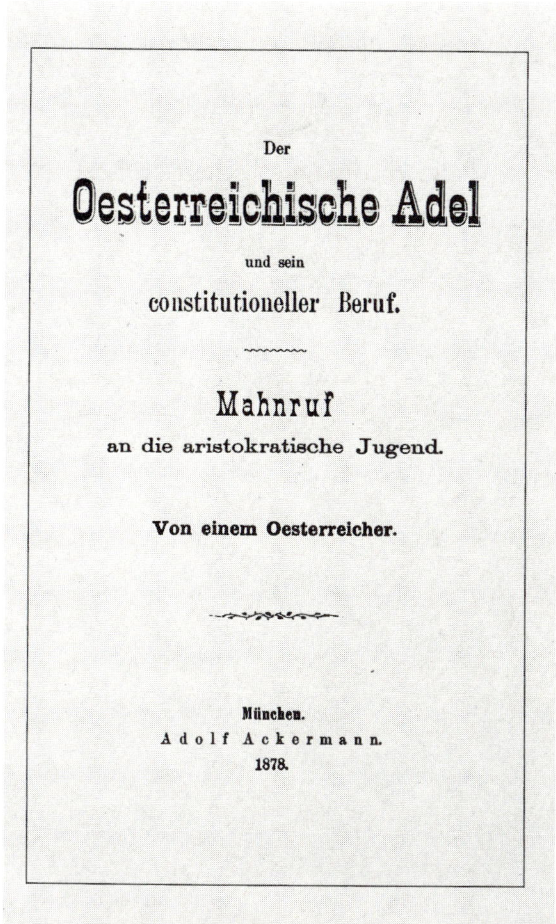

Der

Oesterreichische Adel

und sein

constitutioneller Beruf.

Mahnruf

an die aristokratische Jugend.

Von einem Oesterreicher.

München.
Adolf Ackermann.
1878.

Die Ergreifung des entlarvten Gespenstes durch den Kronprinzen Rudolf und Erzherzog Johann. (Siehe Seite 2)

Mit dem prominenten Professor für Nationalökonomie, Carl Menger (links), unternahm der junge Kronprinz 1878 eine lange Studienreise nach England. Intensiv befaßte er sich hier mit der politischen Rolle des Adels in England (links sein Besuch beim Herzog von Hamilton) und verglich sie mit der der österreichischen Aristokratie. In Zusammenarbeit mit Menger verfaßte er unter großer Geheimhaltung seine erste Schrift, die 1878 in München anonym herauskam und den österreichischen Adel massiv kritisierte.
Mengers Einfluß war auch im Zusammenhang mit Rudolfs antispiritistischen Aktivitäten wichtig, die sich ebenfalls gegen die österreichische gute Gesellschaft richteten. Denn diese gefiel sich in modischen Geisterbeschwörungen und Tischerükken. Hier die Entlarvung des Mediums Bastian durch Rudolf (links) und Erzherzog Johann, den späteren Johann Orth (rechts).

Together with the distinguished professor of economics, Carl Menger (left), the young Crown Prince undertook an extensive study tour of England in 1878. He concerned himself in particular with the political role of the nobility in England (on the left his visit to the Duke of Hamilton), comparing it with that of the Austrian aristocracy. In cooperation with Menger he wrote his first pamphlet, observing utmost secrecy about his authorship. The anonymous publication, which criticised the Austrian aristocracy severely, appeared in Munich in 1878.
Menger's influence also had some bearing on Rudolf's anti-spiritualist activities, which were equally aimed at the Austrian social elite, as faddish seances and table turning had become the craze among these circles. The picture shows the exposure of the medium Bastian through Rudolf (left) and Archduke Johann, the later Johann Orth (right).

Der Kronprinz eröffnete 1883 die Elektrische Ausstellung in Wien mit einer berühmt gewordenen, programmatischen Rede: „Ein Meer von Licht strahle aus dieser Stadt, und neuer Fortschritt gehe aus ihr hervor."

In 1883 the Crown Prince opened the Electrical Exhibition in Vienna with a trend-setting address that was to become famous: "May an ocean of light radiate from this city, may new progress rise from it."

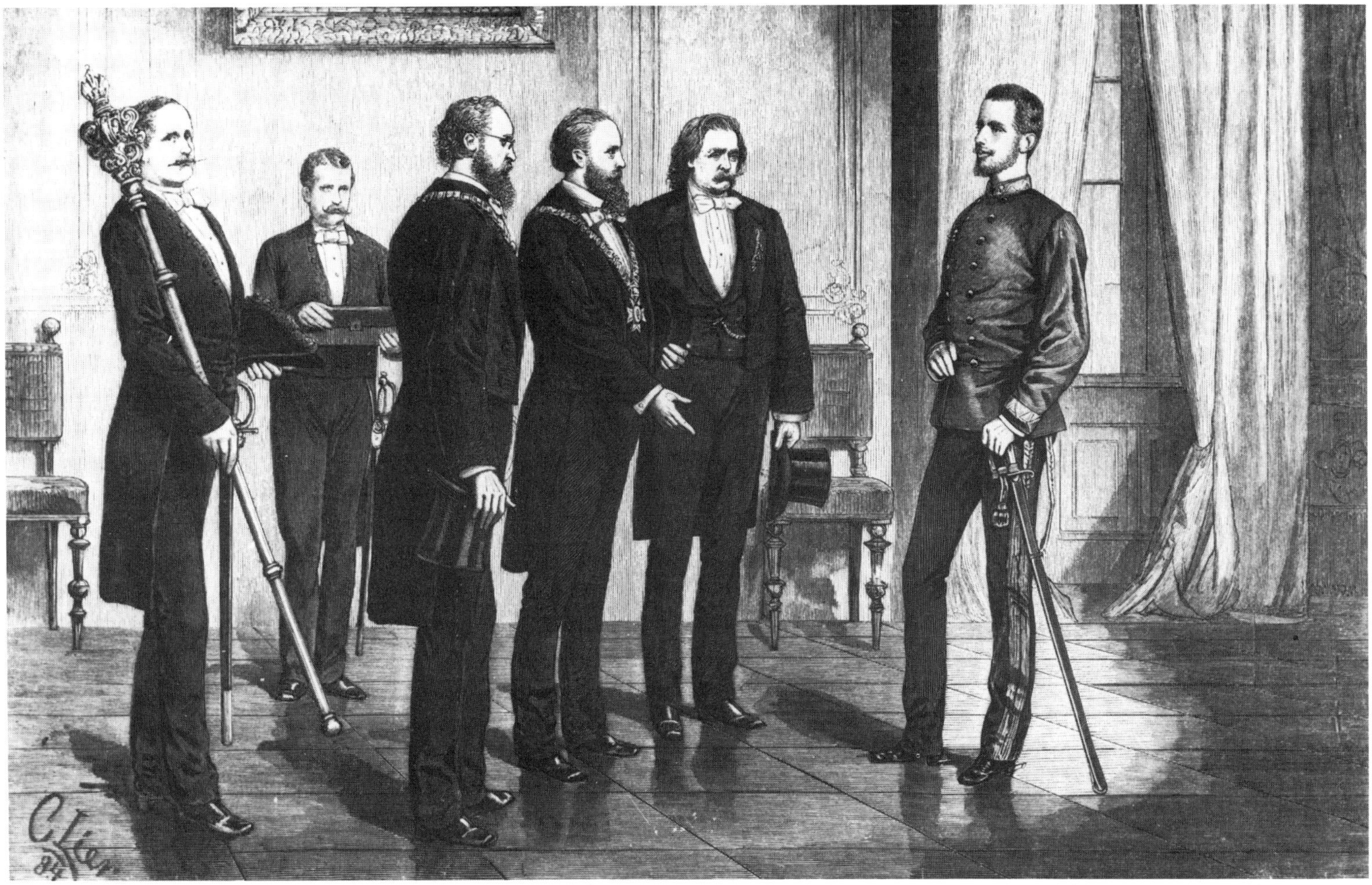

Überreichung des philosophischen Ehrendoktordiploms der Universität Wien durch den Promotor Prof. Franz Miklosich, den Rektor Prof. Viktor Lang und den Dekan Prof. Gustav Tschermak 1884. Die Allegorien auf dem Diplom zeigen die Elektrische und Ornithologische Ausstellung, die Donau und den Orient als Hinweis auf Rudolfs naturwissenschaftliches Engagement.

Presentation of the honorary diploma of a Doctor of Philosophy of the University of Vienna through the academic promoter Professor Franz Miklosich, the Vice-Chancellor Professor Viktor Lang and the Dean Professor Gustav Tschermak in 1884. The allegorical figures on the diploma represent the electrical and ornithological exhibitions, the Danube and the Orient to indicate Rudolf's scientific engagement.

SUMMA AUCTORITATE
AUGUSTISSIMI IMPERATORIS AC REGIS
FRANCISCI IOSEPHI I
IN UNIVERSITATE LITTERARUM VINDOBONENSI
NOS
VICTOR NOBILIS A LANG
PHILOSOPHIAE DOCTOR PHYSICAE PROFESSOR PUBLICUS ORDINARIUS CAESAREAE ACADEMIAE SCIENTIARUM VINDOBONENSIS SOCIUS
H. T. UNIVERSITATIS RECTOR
GUSTAVUS TSCHERMAK
PHILOSOPHIAE DOCTOR MINERALOGIAE ET PETROGRAPHIAE PROFESSOR PUBLICUS ORDINARIUS A CONSILIIS IMPERATORIS AULICIS
CAESAREAE ACADEMIAE SCIENTIARUM VINDOBONENSIS SOCIUS
ORDINIS PHILOSOPHORUM H. T. DECANUS
FRANCISCUS EQUES A MICLOSICH
PHILOSOPHIAE DOCTOR LINGUARUM SLAVICARUM PROFESSOR PUBLICUS ORDINARIUS A CONSILIIS IMPERATORIS AULICIS
CAESAREAE ACADEMIAE SCIENTIARUM VINDOBONENSIS SOCIUS
PROMOTOR RITE CONSTITUTUS
EX DECRETO ORDINIS PHILOSOPHORUM
CONSENTIENTE SUMMO APPLAUSU UNIVERSITATIS SENATU
IN
PRINCIPEM AUGUSTUM
RUDOLPHUM
ARCHIDUCEM AUSTRIAE
IMPERATORIS AC REGIS NOSTRI DILECTISSIMI FILIUM
SUMMUM AD FASTIGIUM GENITUM
QUI IN LITTERARUM CAMPUM PER AUGUSTISSIMUM PATREM LAETISSIMIS STUDIORUM CERTAMINIBUS APERTUM CORONAM PETITURUS IPSE DESCENDIT LIBRIS EXIMIIS AC SPLENDIDIS TERRARUM GENTIUMQUE COGNITIONEM MULTIS MODIS AMPLIFICAVIT NATURAS VITASQUE ANIMALIUM DOCTE AC SAGACITER EXPLORATAS VIVIS COLORIBUS DEPINXIT SUPERQUE AUSPICATISSIMI OPERIS EXSTITIT AUCTOR QUO PATRIAE CARISSIMAE AMOR ALETUR ET VIRTUTES EIUS MAGIS MAGISQUE CLAREBUNT
QUI VIRORUM DOCTORUM STUDIA NON TANTUM LABORIS COMMUNIONE HONORAVIT VERUM ETIAM IMPIGRA CURA PROSPERRIMOQUE SUCCESSU PATRONUS ADIUVIT
HONORIS CAUSA
PHILOSOPHIAE DOCTORIS NOMEN IURA ET PRIVILEGIA
CONTULIMUS IN EIUSQUE REI FIDEM HASCE LITTERAS UNIVERSITATIS
SIGILLO SANCIENDAS CURAVIMUS
Gust. Tschermak m/p. Victor Nobilis a Lang m/p. Franc. Eques a Miclosich m/p.
VINDOBONAE DIE M. IUNII MDCCCLXXXIV.

Redaktionssitzung in der Hofburg.

A meeting of the editorial committee at the Hofburg.

Eine wissenschaftliche und künstlerische Bestandsaufnahme der Vielfalt der Donaumonarchie sollte das schließlich 24bändige Werk „Die österreichisch-ungarische Monarchie in Wort und Bild" nach Rudolfs Willen werden. Er sammelte die geistige Elite seiner Zeit um sich, um das Konzept zu erarbeiten.

Rudolf conceived the idea of a scientific and artistic record of the multiform Danube monarchy through the monumental work 'The Austro-Hungarian Monarchy in Word and Picture', which finally ran into 24 volumes. He called on the intellectual elite of his time to work out the basic concepts.

Rechts: Rudolf mit den beiden Chefredakteuren des Werkes, Maurus Jokai (links) für die ungarische und dem Burgtheaterdichter Josef von Weilen (rechts unten) für die deutsche Ausgabe des Werkes.

On the right: Rudolf with the two chief editors, Maurus Jokai (left) for the Hungarian and Josef von Weilen, the dramatist of the Burgtheater, (on the right below) for the German version.

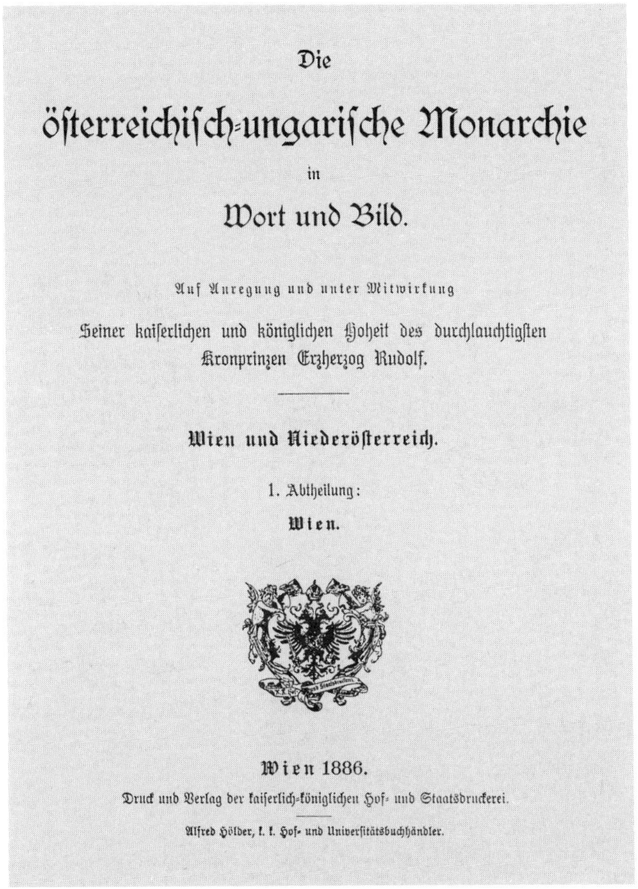

Die

österreichisch-ungarische Monarchie

in

Wort und Bild.

Auf Anregung und unter Mitwirkung

Seiner kaiserlichen und königlichen Hoheit des durchlauchtigsten
Kronprinzen Erzherzog Rudolf.

Wien und Niederösterreich.

1. Abtheilung:

Wien.

Wien 1886.

Druck und Verlag der kaiserlich-königlichen Hof- und Staatsdruckerei.

Alfred Hölder, k. k. Hof- und Universitätsbuchhändler.

Das Titelblatt des ersten Bandes, zu dem Rudolf die Einleitung schrieb.

Title page of the first volume, to which Rudolf wrote the introduction.

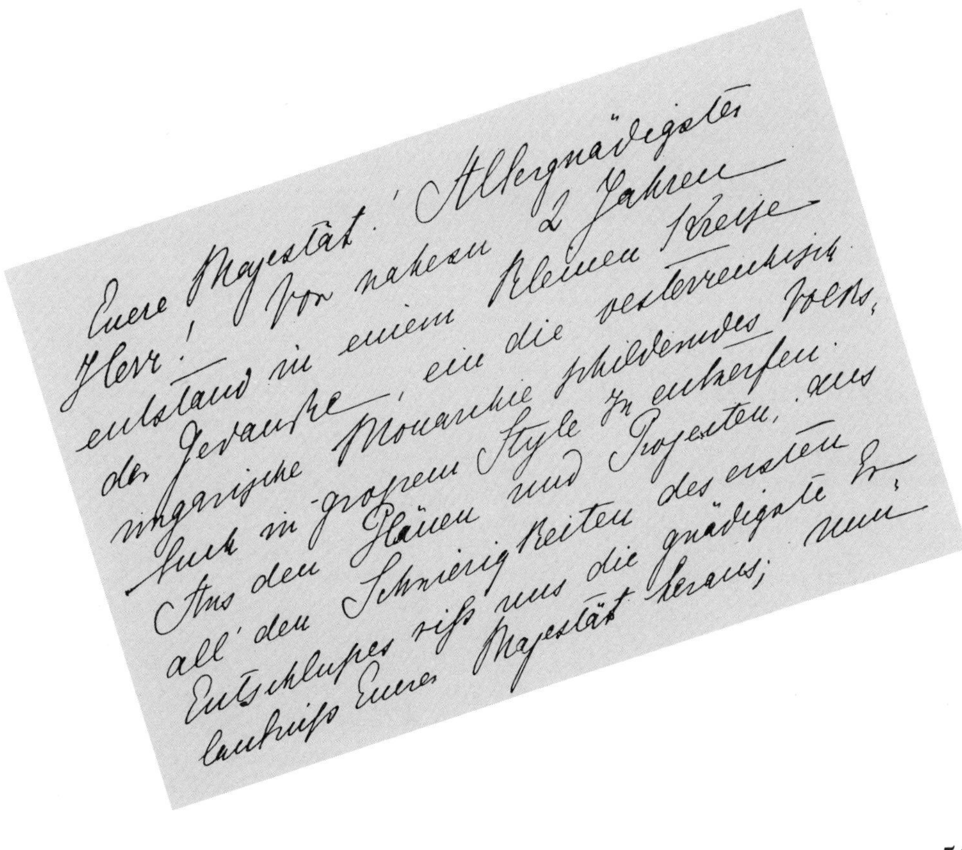

Euere Majestät! Allergnädigster
Herr! Vor nahezu 2 Jahren
entstand in einem kleinen Kreise
der Gedanke, ein die oesterreichisch
ungarische Monarchie schilderndes Volks-
buch in großem Style zu entwerfen.
Aus den Plänen und Projecten, aus
all den Schwierigkeiten des ersten
Entschlußes riß uns die gnädigste Er-
laubniß Euerer Majestät heraus; nun

Die Überreichung des ersten Heftes an den Kaiser mit dem Autograph von Rudolfs Rede: „Eure Majestät! Allergnädigster Herr! Vor nahezu 2 Jahren entstand in einem kleinen Kreise der Gedanke, ein die österreichisch-ungarische Monarchie schilderndes Volksbuch in großem Style zu entwerfen. Aus den Plänen und Projecten, aus all den Schwierigkeiten des ersten Entschlußes riß uns die gnädigste Erlaubniß Euerer Majestät heraus; nun ..." (hinter Rudolf die beiden Chefredakteure Jokai und Weilen).

Presentation of the first issue to the Emperor with the holograph of Rudolf's address: "Your Majesty! Most gracious sovereign! It is almost two years ago that the idea of a popular publication on a large scale which was to depict the Austro-Hungarian monarchy arose from a small circle. The plans and projects, the various difficulties which beset the first resolution were transcended by the most gracious permission of Your Majesty; today ..." (behind Rudolf the two chief editors Jokai and Weilen).

Militär

Military affairs

Kaiser Franz Joseph machte schon seinen neugeborenen Sohn zum k.u.k. Oberstinhaber des 19. Infanterieregimentes und ließ ihn vor allem zum guten Soldaten erziehen. Der kleine Kronprinz wurde mit militärischem Spielzeug jeder Art geradezu überschüttet. Hier mit Phantasiehelm und -degen mit den Eltern und der Schwester 1860. Rechts das Kind in echten Oberst-Uniformen.

Emperor Franz Joseph made his newborn son Colonel-in-Chief of the 19th infantry regiment and saw to it that he should first of all be educated to become a good soldier. Military toys of any kind were literally heaped on the little prince. Here wearing a fancy helmet and sabre with his parents and sister in 1860. On the right wearing genuine colonels' uniforms.

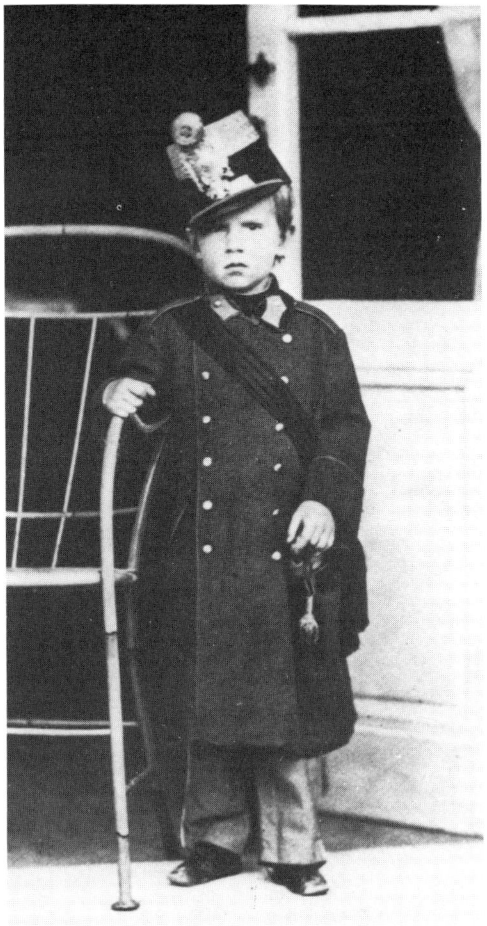

Die männlichen Mitglieder des Hauses Habsburg gehörten in der Zeit Kaiser Franz Josephs sämtlich der k. u. k. Armee als Offiziere an. Hier der Kaiser und der kleine Kronprinz, umgeben von den Erzherzögen, darunter auch (links neben Rudolf) der ehemalige Kaiser Ferdinand I. (Das Bild ist eine Zusammenstellung und nicht nach der Natur gezeichnet.)

All male members of the House of Habsburg held commissions in the k. u. k., the imperial and royal army during the reign of Emperor Franz Joseph. The Emperor and the little Crown Prince are here surrounded by the archdukes, among them (on the left beside Rudolf) the former Emperor Ferdinand I. (The picture is a montage.)

Beispiele früher militärischer Repräsentation neben dem Kaiser.
Rechts: Der Empfang des deutschen Kaisers Wilhelm I. anläßlich der Wiener Weltausstellung 1873: Franz Joseph (rechts) erschien ebenso wie Rudolf in preußischer Uniform, Kaiser Wilhelm dagegen in österreichischer Uniform; links Erzherzog Albrecht.
Unten: Kaiser Franz Joseph nimmt, den Kronprinzen an seiner Seite, die Glückwünsche Erzherzog Albrechts als Sprecher der Generalität zum 25jährigen Regierungsjubiläum im Dezember 1873 entgegen.

Examples of early military representational duties beside the Emperor.
Right: Reception of the German Emperor Wilhelm I at the Vienna World Exhibition in 1873: Franz Joseph (on the right) as well as Rudolf sported a Prussian uniform, Emperor Wilhelm, conversely, an Austrian uniform; on the left Archduke Albrecht.
Below: Franz Joseph, flanked by the Crown Prince, accepts the felicitations of Archduke Albrecht on behalf of the generals on the 25th jubilee of his reign in December 1873.

Bilder des Jünglings in österreichischer (oben) und preußischer (unten) Uniform.

The young prince in Austrian (above) and Prussian (below) uniforms.

GEDENKBLATT

an die Dienstleistung Sr. k. u. k. Hoheit des

KRONPRINZEN OBERST ERZHERZOG RUDOLF

im 36ten Infanterie Regiment.

1878. 2. August geruhten S. k. Hoheit, nachdem Höchstderselbe tags vorher in der Uniform unseres Regiments in Prag feierlich eingezogen war, das Offizierscorps der Garnison zu empfangen und auf die Ansprache des FMlt. Bn. Litzelhofen zu erwidern:
„Ich begrüfse Sie herzlichst, meine Herren. Möge es mir gelingen, in dem neuen Wirkungskreise, den mir S. Majestät zugewiesen, die Zufriedenheit meiner Vorgesetzten zu erwerben, wie ich Ihnen, meine Herren, stets ein treuer Kamerad sein werde".
3. August meldete S. k. Hoheit nach abgenommener Revue über die Garnison Prags bei den vorgesetzten Commanden Sein Einrücken und den Dienstantritt bei unserem Regimente.
12. August übernahm Höchstderselbe das Commando der Ursuliner kaserne und des 3. Baons, leitete und führte dasselbe von nun an bei allen Gelegenheiten und defilirte bei der Parade am 18. August zum erstenmal an der Spitze Seines Baons.
24. August commandirte der Kronprinz zum erstenmal eine Übung mit gemischten Waffen nächst Nebušic, bei welcher das ganze Linien Regiment eingetheilt war.
4. September machte Höchstderselbe die zweitägigen Manöver nächst Unt. Březan-Eule mit, commandirte vor S. k. Hoheit dem Armee-Inspektor FM. Erzherzog Albrecht zum erstenmal eine Infanterie-Brigade und bivuakirte mit dem Regimente bei Březan.
4. Oktober wurde dem Kronprinzen die Oberaufsicht über die Unteroffiziers-Bildungsschule des Regiments übertragen, welcher Höchstderselbe von da an eingehende Aufmerksamkeit widmete, und für die vorzügliche Ausbildung derselben am 30. November vom Divisionär FMlt. Bn. Dahlen ganz besonders belobt wurde.
6. November nahm der Kronprinz zum erstenmal an einem Übungsritt behufs Lösung einer taktischen Aufgabe und am 14. November dem Kriegsspiele im militärwissenschaftlichen Verein theil.
8. November. Inspizirung des Reserve-Commandos in Begleitung des Oberst Holze, wobei S. k. Hoheit von der Bevölkerung mit Jubel begrüfst wurde.
9. Dezember speiste S. k. Hoheit zum erstenmal in der Offiziers-Menage deren Zustandekommen durch Sein lebhaftes Interesse dafür wesentlichst gefördert worden war.
18. Dezember empfing der Kronprinz den rückkehrenden Sieger von Bosnien FZM. Bn. Philippović und stellt ihm Seine Hofequipage zur Verfügung.
1879. 15. & 22. März hielt S. k. Hoheit im militärwissenschaftlichen Verein hochinterressante Vorträge über die Schlacht bei Spichern.
23. Juli rückte das Regiment, mit Rosen als Feldzeichen geschmükt, unter Commando S. k. Hoheit aus der Cantonirung in Mnichovitz nach Prag ein.
23. August wurde S. k. Hoheit welcher seit 2. Juli das Regiment ad interim commandirt hatte, mit Allerhöchster Entschliefsung vom 18. August zum Regiments-Commandanten ernannt.
28. August commandirte der Kronprinz das Regiment vor S. Majestät bei einer Feldübung nächst Jinonitz und deflirte vor Allerhöchstdemselben zum erstenmal an der Spitze unseres Regiments. Am folgenden Tage geruhten S. Majestät die Ursulinerkaserne zu inspiziren und sprach vor dem versammelten Offizierscorps sowohl über die Ausbildung des Regiments als auch über die Kasernordnung dem Kronprinzen die vollste Zufriedenheit aus.
5. & 6. September nahm S. k. Hoheit als Regiments- und Brigade-Commandant theil an den Manövern bei Brandeisl-Welšan.
18. November stiftete der Kronprinz zu Gunsten der Cadet-Offiziersstellvertreter des Regiments 20000 fl. um denselben durch den Zinsenertrag die Theilnahme an der Offiziers-Menage zu ermöglichen.
1880. 8. März geruhten S. k. Hoheit dem Offizierscorps u. dem Regimente mittelst Telegram Höchstseine Verlobung bekannt zu geben. Die Nachricht rief im Regimente wie in ganz Österreich begeisterten Jubel hervor.
3. Mai inspizirte der Kronprinz das Reserve Commando in Jungbunzlau.
3. Juni führte Höchstderselbe das Regiment bei der grofsen Parade am Belvedere-Exerzirplatz S. Majestät dem Kaiser vor, und drückte S. Majestät dem Kronprinzen sowohl für die Defilirung als auch bei der Inspizirung am 5. Juni für die Detailausbildung der Compagnien im geschlossenen Exerziren und im Gefecht die Allerhöchste Zufriedenheit mit den Worten aus:
„Das Regiment ist vorzüglich, ich habe noch nie eine besser ausgebildete Truppe gesehen".
6. Juni nahmen S. Majestät und der Kronprinz an dem Scheibenschiefsen des Offizierscorps vom Regimente theil.
24. Juni feierte S. k. Hoheit in solenner Weise den Schlachttag von Custozza mit dem Regimente in der Cantonirung zu Lodenitz.
7. Juli inspizirte S. k. Hoheit FM. EH. Albrecht das Regiment in Lodenitz beim feldmäfsigen Schiefsen sowie bei einer darauffolgenden Gefechtsübung und drückte über die Ausbildung in jeder Richtung Seine vollste Zufriedenheit aus.
2. September bivuakirte S. k. Hoheit mit dem Regimente gelegentlich des dreitägigen Manövers zwischen Přivor und Melnik bei Unt. Přivor und theilte am 3. September Nachmittag im Lager bei Liblitz dem Regimente Seine Beförderung zum Generalmajor mit.
Höchstderselbe erhielt bei dem Schlufsmanöver vom commandirenden General FZM. Bn. Philippović für die ausgezeichnete Führung der Division eine glänzende Belobung.
6. September nahm S. k. Hoheit, noch in der Uniform des Regiments, Abschied im Hofe der Ursulinerkaserne vom Offizierscorps und der versammelten Mannschaft und schlofs die Ansprache mit folgenden Worten:
„S. Majestät der Kaiser sagte selbst, das Regiment hat den höchsten Grad der Ausbildung erreicht, – ich bitte die Herren diese vorzügliche Ausbildung, das ausdauernde Marschiren, das gute Schiefsen und die eiserne Disciplin zu erhalten. Ich wünsche dem Regimente, dafs es, so Gott will, auch vor dem Feinde und wo immer tüchtig und immerdar vom Glücke begleitet sei:

„Meine eigentliche Heimat" nannte Rudolf in seinem Testament von 1879 das 36. Infanterie-Regiment, das er von 1878 bis 1880 kommandierte. Er residierte damals in Prag und entwickelte eine große Vorliebe für Böhmen.

'My true home' was Rudolf's appellation for the 36th infantry regiment, which he commanded from 1878 to 1880, in his testament of 1879. He resided at Prague at that time, where he developed a marked preference for Bohemia.

Der junge Kronprinz als Regimentskommandant in der Mitte seines Offizierskorps in Prag 1878.

The young Crown Prince as commander of his regiment among his staff in Prague in 1878.

In seiner Residenz, der alten Königsburg des Prager Hradschin, empfing er auch gerne seine Kameraden zu zwanglosem Beisammensein.

In his residence, the old royal castle of the Hradčany, he often entertained his fellow-officers.

Rudolf führt dem Kaiser in Prag das 36. Infanterie-Regiment vor. (Nach einem Gemälde von Sigmund l'Allemand.)

Rudolf presents the 36th infantry regiment to the Emperor in Prague (after a painting by Sigmund l'Allemand).

Rudolf auf dem Kutschbock vor der Kulisse Prags.

Rudolf on the coach-box before the prospect of Prague.

Wir Franz Joseph der Erste,

VON GOTTES GNADEN KAISER VON OESTERREICH,
Apostolischer König von Ungarn, König von Böhmen, von Dalmatien, Croatien, Slavonien, Galizien, Lodomerien und Illyrien, Erzherzog von Oesterreich, Grossherzog von Krakau, Herzog von Lothringen, Salzburg, Steyer, Kärnthen, Krain, Bukowina, Ober- und Nieder-Schlesien, Grossfürst von Siebenbürgen, Markgraf von Mähren, gefürsteter Graf von Habsburg und Tirol, etc.

entbieten allen und jeden Unseren Linien-Schiffs-Fregatten- und Corvetten-Capitänen, Linien-Schiffs-Lieutenanten und Fähnrichen, Unter-Officieren und insgemein allen Kriegsleuten, wessen Nation, Würde, Standes oder Wesens die sind, so sich in Unseren Kriegsdienst befinden, Unsere kaiserliche königliche Gnade, alles Gute und geben Euch hiemit gnädigst zu vernehmen, dass Wir den Durchlauchtigsten des Kaiserthums Oesterreich kaiserlichen, zu Ungarn und Böhmen etc. etc. königlichen Prinzen,

Unseren vielgeliebtesten Herrn Sohn

Kronprinzen Erzherzog Rudolph

kaiserliche königliche Hoheit und Liebden,

Ritter des Ordens vom goldenen Vliesse, Grosskreuz Unseres St. Stephan-Ordens, Grosskreuz und Ehren-Bailli des souveränen Johanniter-Ordens, Obersten und Commandanten des Infanterie-Regiments Freiherr von Ziemięcki № 36, Oberst-Inhaber des Infanterie-Regiments № 19 und des Feld-Artillerie-Regiments № 4, Linien-Schiffs-Capitän zur Bezeigung Unseres höchsten Wohlgefallens und in Anbetracht Hochdero vorzüglichen hohen Eigenschaften, mithin aus dem Hochdessen Person ganz besonders gewidmeten vollen Vertrauens zu Unserem wirklichen kaiserlichen königlichen

CONTRE-ADMIRAL

extra statum im See-Officiers-Corps

gnädigst ernannt haben. Befehlen daher allen und jeden Obbenannten gnädigst und ernstlich, dass Ihr dasjenige, was in Unserem Namen vorermeldet Seine kaiserliche königliche Hoheit mit Euch sämmtlich, oder Jedem insbesondere dieses bekleidenden Characters wegen anordnen und gebieten wird, jederzeit ohne einige Weigerung gehorsam und richtig vollziehen und Euch also gegen Hochdenselben erzeigen sollet, wie es Euch gemäss aufhabender Pflicht zu verhalten geziemet. Hieran vollziehet Ihr Unseren gnädigsten Befehl, Willen und Meinung. Gegeben in Unserem kaiserlichen königlichen Hoflager Krakau, am dritten Tage des Monates September im achtzehnhundert achtzigsten, Unserer Reiche im zwei und dreissigsten Jahre.

Der k. k. Reichs-Kriegs-Minister:

Contre-Admirals-Patent für Seine k. k. Hoheit den durchlauchtigsten Herrn Kronprinzen Erzherzog Rudolph

Der Kronprinz hatte in jeder Waffengattung eine Funktion, so auch in der k. u. k. Marine. Unten die Ernennungsurkunde zum Contre-Admiral, oben Rudolf in Admiralsuniform mit Rustimo, dem Mohren der Kaiserin Elisabeth.

The Crown Prince held a commission in every arm of the service, including the k. u. k. (imperial and royal) navy. Below commission of rear admiral, above Rudolf in the uniform of an admiral with Rustimo, Empress Elisabeth's moor.

Rudolf als Träger folgender Uniformen, die als Beispiele aus einer Vielzahl stehen: 1) als Oberstinhaber der ungarischen Husaren, 2) als ungarischer General, 3) als k. u. k. Feldmarschalleutnant, 4) als bayrischer Ulan, 5) als österreichischer Kontreadmiral, 6) als preußischer Garde-Grenadier.

Rudolf wearing the following uniforms, selected from a large list: 1) as Colonel-in-Chief of the Hungarian Hussars, 2) as a Hungarian general, 3) as a k. u. k. lieutenant field marshal, 4) as a Bavarian lancer, 5) as an Austrian rear admiral, 6) as a Prussian grenadier guard.

Das Fahrrad wurde 1886 als „Equipage der Zukunft“ in den Zeitungen gepriesen und allmählich auch im k. u. k. Heer in einer eigenen „Velociped-Abteilung“ eingesetzt. Der Kronprinz — als Garant einer modernen Zeit auch im Heer — ist hier beim Inspizieren dieses neuen Verkehrsmittels bei Manövern in Tulln dargestellt.

In 1886 the newspapers proclaimed the bicycle the ‘equipage of the future’ and eventually a special ‘Bicycle Corps’ was set up in the army. The Crown Prince, who was expected to herald in a new age also in the army, is here shown examining the new means of transport at maneuvres at Tulln.

Selbstverständlich wurde der Kronprinz zum Protektor zahlreicher militärischer Vereine gewählt, so auch (als Beispiel) vom „Eisenstädter Bezirks-Militär-Veteranen-Verein“.

As a matter of course numerous military associations chose the Crown Prince as their patron, as e.g. the ‘Association of Military Veterans of the District of Eisenstadt’.

Truppeninspektionen im weiten Raum der Donaumonarchie gehörten schon früh zu Rudolfs Hauptaufgaben, lange bevor er 1888 zum Generalinspekteur der Infanterie ernannt wurde.
Als Beispiele: Galizische Soldaten erwarten den Kronprinzen bei seiner Galizienreise 1888.
Unten: Rudolf besichtigt in Cattaro die Marinerezza bocchesa.

Inspections of troops within the wide range of the Danube monarchy belonged to Rudolf's main tasks long before he was appointed Inspector General of the Infantry in 1888.
E.g. Galician soldiers waiting for the Crown Prince on his tour of Galicia in 1888.
Below: Rudolf visits the Marinerezza bocchesa at Cattaro.

Jagd

Hunting

Neben dem Militär war die Jagd das Hauptgesprächsthema zwischen Kaiser Franz Joseph und seinem Sohn. Von frühester Jugend an nahm er den Kronprinzen mit auf die Jagd und interessierte sich für keine Fertigkeit seines Sohnes so sehr wie für dessen Schießübungen.

Next to military affairs hunting was the main topic of discourse between Emperor Franz Joseph and his son. From his earliest childhood on the Crown Prince joined him on his hunting trips and no pursuit of his son interested him as much as his shooting practices.

Farbstiftzeichnungen des achtjährigen Rudolf von seinen Jagden in Begleitung des Erziehers. Schon früh standen Vögel im Mittelpunkt seines Interesses.

Coloured pencil drawings of the eight-year-old Rudolf of his hunts in his tutor's company. From the very beginning birds attracted his main interest.

Aquarellierte Zeichnung des 12jährigen ...

Water-colour drawing by the twelve- ...

... und des 15jährigen Kronprinzen. Abgebildet sind ein Hausspatz, drei Finken, ein Rotkehlchen, eine Wacholderamsel, zwei Kernbeißer, zwei Meisen, eine Wachtel und ein Kuckuck. Das Bild stammt aus dem Nachlaß von Rudolfs Schwester, Prinzessin Gisela von Bayern und wurde 1988 für wohltätige Zwecke versteigert.

... and by the fifteen-year-old Crown Prince depicting one common sparrow, three finches, one redbreast, one fieldfare, two hawfinches, two titmice, one quail, and a cuckoo. The picture from the estate of Rudolf's sister, Princess Gisela of Bavaria, was auctioned off for charitable purposes in 1988.

Bei der Gemsenjagd im geliebten Salzkammergut.

Hunting chamois in his dear Salzkammergut.

Rudolfs Orientreise 1881 war nicht nur eine Besichtigungsreise, sondern vor allem auch eine Jagdreise mit einer respektablen Strecke exotischer Tiere. Die Darstellungen stammen von Rudolfs Reisebegleiter, Franz Pausinger. Oben: Jagd auf Gazellen. Unten: Jagd auf Ichneumon und Pelikan. Rechts: Schakaljagd auf einer Pyramide.

Rudolf's tour of the Orient in 1881 was not only a sightseeing trip, but first of all a hunting excursion yielding a remarkable gain of exotic animals. Pictures by Rudolf's travelling companion Franz Pausinger. Above: Gazelle hunt. Below: mongoose and pelican hunt. Right: Hunting jackals on a pyramid.

Fischotternjagd in den Donauauen, unten in der Zeichnung des Leibjägers Rudolf Püchel. Links Kaiser Franz Joseph und rechts hinter ihm der Kronprinz.

Otter hunt in the river forests of the Danube, below as depicted by Rudolf Püchel, his personal hunter. On the left Emperor Franz Joseph, on the right behind him the Crown Prince.

Nach der Hirschjagd. In der Darstellung des Fotos — in der Mitte Rudolf mit seiner Gemahlin Stephanie, die im Anfang der Ehe manchmal an Jagden teilnahm — und in der Bleistiftzeichnung des Jägers Rudolf Püchel.

After the stag hunt. As shown on a photo — in the centre Rudolf and his wife Stephanie, who occasionally attended hunts early in her marriage — and as drawn by the hunter Rudolf Püchel.

Nach alter Tradition war die Jagd ein wesentlicher Teil von Staatsbesuchen. Hier begleitet der Kronprinz den deutschen Kaiser Wilhelm I. auf einer Hirschjagd in Österreich.

Traditionally hunting formed an important item of state visits. The Crown Prince is here attending the German Emperor Wilhelm I on a stag hunt in Austria.

Jagd bei Görgeny in Oberungarn im Herbst 1888 mit prominenten Teilnehmern: Nr. 1 Eduard Prinz von Wales, der spätere König Eduard VII., 2 Kronprinz Rudolf, 3 Prinz Miguel von Braganza, 4 Erzherzog Otto, der Vater des letzten Kaisers Karl I., 5 Erzherzog Friedrich, 6 Prinz Louis Esterhazy und 7 Graf Pista Karolyi.

Hunting at Görgeny in Upper Hungary in the autumn of 1888 with prominent participants: 1 Edward Prince of Wales, the later King Edward VII, 2 Crown Prince Rudolf, 3 Prince Miguel of Bragança, 4 Archduke Otto, the father of the last Emperor Karl I, 5 Archduke Friedrich, 6 Prince Louis Esterhazy, and 7 Count Pista Karolyi.

Ausgangspunkt mancher Legende war Rudolfs Abschuß eines weißen Hirschen bei der kaiserlich-deutschen Hofjagd im Wildpark bei Potsdam im März 1878. Die Erlegung eines weißen Hirschen galt bei Jägern als Zeichen kommenden Unglücks.

At the chase of the imperial German court at Potsdam deer-park in March 1878 Rudolf shot a white stag, which gave rise to many legends. Hunters regarded the shooting of a white stag as an omen of impending evil.

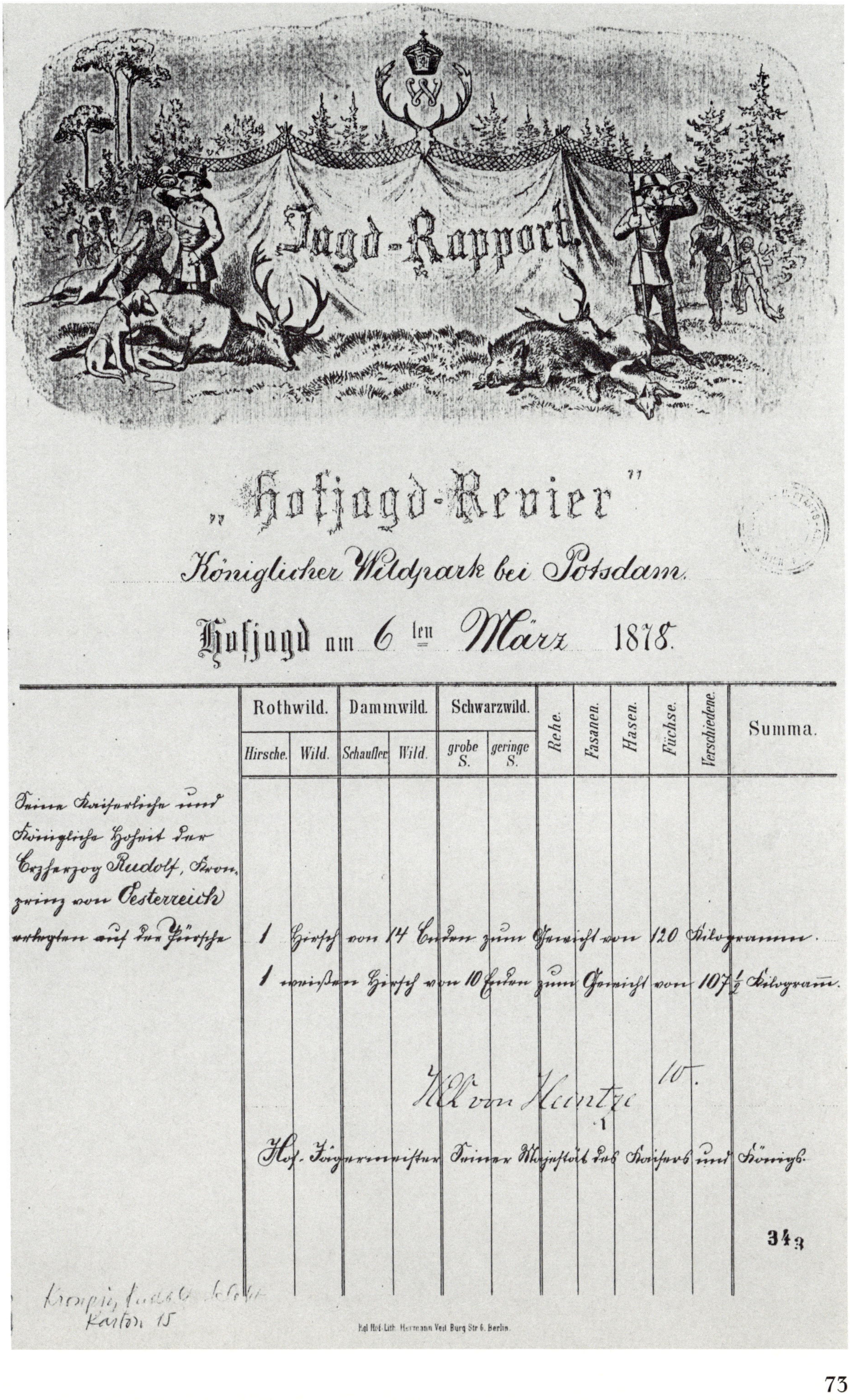

Jagd-Rapport

„Hofjagd-Revier"

Königlicher Wildpark bei Potsdam.

Hofjagd am 6ten März 1878.

	Rothwild.		Dammwild.		Schwarzwild.		Rehe.	Fasanen.	Hasen.	Füchse.	Verschiedene.	Summa.
	Hirsche.	Wild.	Schaufler.	Wild.	grobe S.	geringe S.						
Seine Kaiserliche und Königliche Hoheit der Erzherzog Rudolf, Kronprinz von Oesterreich erlegten auf der Pürsche	1 Hirsch von 14 Enden zum Gewicht von 120 Kilogramm.											
	1 weißen Hirsch von 10 Enden zum Gewicht von 107½ Kilogramm.											

W. von Heintze 10.

Hof-Jägermeister Seiner Majestät des Kaisers und Königs.

343

Kronprinz Rudolf Schuß
Karton 15

Kgl Hof-Lith. Hermann Veit Burg Str 6. Berlin.

Görgeny St. Imre, ein kleines Jagdschloß in Siebenbürgen, war wegen der Bärenjagd berühmt — und wegen der Zigeunermusik bei den großen Jagdfesten. Hier schoß der 21jährige Kronprinz 1879 seinen ersten Bären. Der väterliche Freund Graf Hanns Wilczek machte dieses Foto. Der Bär wurde ausgestopft und ist in der „Rudolfsvilla" in Reichenau zu besichtigen.

Görgeny St. Imre, a small hunting lodge in Transylvania, was famous for its bear hunts — and on account of the gipsy music at the big hunting feasts. Here the twenty-one-year-old Crown Prince shot his first bear. The photo was taken by his paternal friend Count Hanns Wilczek. The bear was stuffed and can still be seen at 'Villa Rudolf' at Reichenau.

Bärenjagd in Siebenbürgen — gezeichnet von Rudolf Püchel, dem Leibjäger des Kronprinzen.

Bear hunt in Transylvania, drawn by Rudolf Püchel, the personal hunter of the Crown Prince.

Das berühmte Bärenfest, das mit viel Zigeunermusik und Volkstanz gefeiert wurde.

The famous bear festival, which was celebrated with gipsy music and folk dances.

Familienleben

Family Life

Im März 1880 reiste der 21jährige Kronprinz auf Brautschau an den belgischen Königshof.

In March 1880 the twenty-one-year-old Crown Prince went to the Belgian court to meet his destined bride.

Das erste Zusammentreffen Rudolfs mit Stephanie von Belgien im Palmenhaus des Schlosses Laeken, wie es sich ein Wiener Zeitungsillustrator vorstellte.

Rudolf's first meeting with Stephanie of Belgium in the palm house of Laeken Palace as imagined by a Viennese newspaper illustrator.

Das Brautpaar präsentiert sich der Gesellschaft des belgischen Hofes. Links König Leopold II., Königin Marie Henriette und Stephanies jüngere Schwester, Prinzessin Clementine.

The engaged couple is presented to the Belgian court. On the left King Leopold II, Queen Marie Henriette and Stephanie's younger sister, Princess Clementine.

Das Verlobungsbild. Von links: Kaiser Franz Joseph, König Leopold II. der Belgier, Kaiserin Elisabeth, das Brautpaar, Königin Marie Henriette der Belgier, eine geborene Erzherzogin aus dem ungarischen Zweig des Hauses Habsburg.

The engagement picture. From the left: Emperor Franz Joseph, King Leopold II, Empress Elisabeth, the engaged couple, Queen Marie Henriette of Belgium, an Archduchess from the Hungarian branch of the Habsburg dynasty by birth.

Um dem Brautpaar seine Huldigungen darzubringen, reiste im Mai 1880 der Wiener Männergesangverein, der älteste seiner Art in Österreich, mit zweihundert Mitgliedern von Wien nach Brüssel. Im Wintergarten des Schlosses Laeken sangen die Wiener vor dem Brautpaar und dem belgischen Hof Wiener Lieder und den Donauwalzer. Die Tournee war ein Triumph für die Wiener Musik, da die Sänger auf allen Stationen ihrer komplizierten Reise große Konzerte gaben.

The Vienna men's choir, the oldest association of this kind in Austria, travelled to Brussels in May 1880 with 200 of its members to pay homage to the engaged couple. In the conservatory of Laeken Palace the Viennese entertained the engaged couple and the Belgian court with Viennese songs and the Danube waltz. The tour proved a triumph for Viennese music, as the singers gave big concerts at every stage of their long-winded journey.

Die Hochzeit fand nach mehr als einjähriger Verlobungszeit im Mai 1881 in Wien statt. Hier der traditionelle Einzug der künftigen Kronprinzessin in die Haupt- und Residenzstadt.

After an engagement of more than one year the wedding took place in Vienna in May 1881. The traditional entry of the future Crown Princess into the capital and imperial residence.

Die Trauungszeremonie in der Augustinerkirche, dargestellt vom Zeichner des „Neuigkeits-Welt-Blattes".

The wedding ceremony in Augustiner Church, drawn by the illustrator of the 'Neuigkeits-Welt-Blatt'.

Die 17jährige Braut und der um sechs Jahre ältere Bräutigam am Hochzeitstag nach der Trauung und vor dem Antritt der Flitterwochen in Schloß Laxenburg.

The seventeen-year-old bride and the bridegroom — her senior by six years — after the wedding and before commencing their honeymoon at Laxenburg Castle.

Als Tochter einer ungarischen Habsburgerin wurde die neue Kronprinzessin besonders in Ungarn stürmisch gefeiert, hier bei ihrem ersten Besuch in Budapest, unten das große Feuerwerk.

As the daughter of a Hungarian Habsburg the new Crown Princess received a specially warm welcome in Hungary, here seen at her first visit to Budapest; below the great fireworks.

Das kostbarste Hochzeitsgeschenk war dieser Kabinettschrank, der eine respektable Sammlung von Aquarellen zeitgenössischer Maler barg und von den Wiener Industriellen und der Wiener Kaufmannschaft in Auftrag gegeben war. Der Entwurf stammte von Josef Storck, die Ausführung von Franz Michel, das Gemälde von Rudolfs engem Freund, Hans Canon. Der Schrank befindet sich heute im Museum für Angewandte Kunst in Wien.

The costliest wedding present was this cabinet, commissioned by the Vienna industrialists and Vienna merchants associations, which contained a remarkable collection of water colours by contemporary artists; design by Josef Storck, execution by Franz Michel; the painting by Hans Canon, a close friend of Rudolf. The cabinet is preserved in the Museum of Applied Art in Vienna.

Porträt des Kronprinzen aus der Zeit seiner frühen Ehe, von dem Wiener Maler Heinrich Angeli. Das Bild kam aus dem Besitz der Kronprinzentochter Elisabeth Windischgrätz in die Bundesmobiliensammlung.

Portrait of the Crown Prince from his early marriage days by the Viennese painter Heinrich Angeli. Formerly owned by the Crown Prince's daughter, Elisabeth Windischgrätz, the picture is now in the federal collection of movable articles.

Empfang des Kronprinzenpaares in Prag, wo es auf dem Hradschin seinen ersten Hausstand bezog.

Reception of the princely couple in Prague where the Crown Prince and his wife made their first home on the Hradčany.

Einzelne Exemplare:
Morgenblatt . . . . 4 kr.
Abendblatt . . . . 2 kr.

Pränumerationspreise:
Für Wien:
Morgen- und Abendblatt:
monatlich . . . . ö. W. fl. 1.50
mit einmaliger Zustellung in's Haus fl. 1.65
mit zweimaliger Zustellung Morgens und Abends . . . . . ö. W. fl. 1.75
Für die Provinz mit freier Postzusendung:
Morgen- und Abendblatt:
monatlich . . . . ö. W. fl. 1.80
vierteljährig . . . . " " " 5.40
halbjährig . . . . " " " 10.80
Mit separater Zusendung des Abendblattes:
monatlich . . . . ö. W. fl. 2.20
vierteljährig . . . . " " " 6.40
halbjährig . . . . " " " 12.80

Unfrankirte Briefe werden nicht angenommen.

Illustrirtes Wiener Extrablatt.

Das Morgenblatt erscheint täglich, auch Montag, das Abendblatt täglich mit Ausnahme der Sonn- und Feiertage.

Redaction und Druckerei:
(wohin alle Zuschriften zu richten sind)
IX., Berggasse 31.

Administration, Expedition und Inseraten-Aufnahme:
I., Schulerstraße 16.

Inserate vom Auslande übernehmen für unser Blatt auch die Herren Haasenstein und Vogler, Rudolph Mosse, A. Oppelik und alle Annoncen-Agenturen in den Hauptstädten Europas.

Manuskripte werden nicht zurückgestellt.

Eigenthümer und Herausgeber: F. J. Singer.

Nr. 354. Wien, Samstag, 23. December 1882. 11. Jahrgang.

Kalender für Alle:
Namenstag: katholisch: Victoria.
" protestantisch: Dagobert.
" griechisch: Daniel St.

Sehenswürdigkeiten:
Kupferstiche und Zeichnungen der Akademie der bildenden Künste Schillerplatz, von 10 Uhr Vormittag bis 1 Uhr Nachmittag. (Im August und September geschlossen.) — Museum für Kunst und Industrie, Stubenring 5, von 9 Uhr Vormittag bis 1 Uhr Nachmittag. — Anatomisch-pathologisches Präparaten-Cabinet, IX. Bez., Währingerstraße Nr. 15, von 11 Uhr Vormittag bis 1 Uhr Nachmittag. — Aquarium, k. k. Prater, Hauptallee. — Gemäldegalerie im Belvedere III. Bezirk, Rennweg 6, (Montag ausgenommen) von 10 Uhr Vormittag bis 4 Uhr Nachmittag; an Sonn- und Feiertagen von 10 Uhr Vormittag bis 1 Uhr Nachm. — Geologische Reichsanstalt, III. Bezirk, Rasumoffskygasse 27, von 9 Uhr Vorm. bis 4 Uhr Nachm. — Hofbibliothek, Josephsplatz v. 9 b. 4 Uhr.

Der Kronprinz bei seiner Aja.

Immer wieder zeigte Rudolf öffentlich und privat seine Liebe zur ehemaligen Erzieherin Charlotte von Welden. Vor Weihnachten 1882 besuchte er die inzwischen 75jährige mit seiner jungen Frau. Noch in seinem Abschiedsbrief aus Mayerling ließ er die geliebte „Wowo" seiner Kindertage grüßen (s. S. 124).

On numerous public and private occasions Rudolf showed his love for his former governess Charlotte von Welden. She had reached the age of seventy-five years when he and his young wife paid a visit to her before Christmas in 1882. Even his farewell letter from Mayerling contains greetings to the dear 'Wowo' of his childhood (cf. p. 124).

In der Öffentlichkeit waren solche Darstellungen ehelicher Harmonie sehr beliebt, wenn sie auch allzu bald nicht mehr der Wirklichkeit entsprachen. Unten: das Kronprinzenpaar mit Kaiser Franz Joseph und Kaiserin Elisabeth vor Schloß Laxenburg.

Such representations of marital harmony were highly esteemed in public, though they soon ceased to reflect the actual state of affairs. Below: The Crown Prince and his wife with the Emperor and the Empress in front of Laxenburg Castle.

Im September 1883 kam das einzige Kind der Kronprinzenehe, Erzherzogin Elisabeth (Erzsi) zur Welt. Oben: Neben dem Kronprinzenpaar Rudolfs jüngste Schwester, Erzherzogin Marie Valerie, und das Kaiserpaar.

In September 1883 the only child of the marriage, Archduchess Elisabeth (Erzsi), was born. Above: Beside the Crown Prince and his wife Rudolf's youngest sister, Archduchess Marie Valerie, and the imperial couple.

Die kleine Erzsi 1887 in Ischler Tracht und (unten) in einer Eselsequipage, die ihr der Kaiser zum Geburtstag geschenkt hatte.

Little Erzsi in 1887 in the local costume of Ischl and (below) in a donkey-cart, a birthday present from the Emperor.

Offizielle Fotografie des Kronprinzenpaares um 1885.

Official photo of the princely couple at about 1885.

Zeitungsillustration über die kronprinzliche Wohnung in der Hofburg in Wien – das berühmte „türkische Zimmer“, dessen Einrichtung Rudolf von seiner großen Orientreise mitgebracht hatte.

A newspaper illustration depicting the prince's apartment in the Vienna Hofburg – the famous 'Turkish room' which Rudolf had furnished with articles from his tour of the Orient.

Stephanie war — im Gegensatz zu ihrer Schwiegermutter, der Kaiserin Elisabeth — recht gut auf ihre repräsentativen Aufgaben vorbereitet. Sie liebte prächtige Empfänge und verabscheute Rudolfs Vorliebe für das Volkstümliche.

In contrast to her mother-in-law, Empress Elisabeth, Stephanie was well prepared for her representational duties. She loved grand receptions and abhorred Rudolf's preference for popular events.

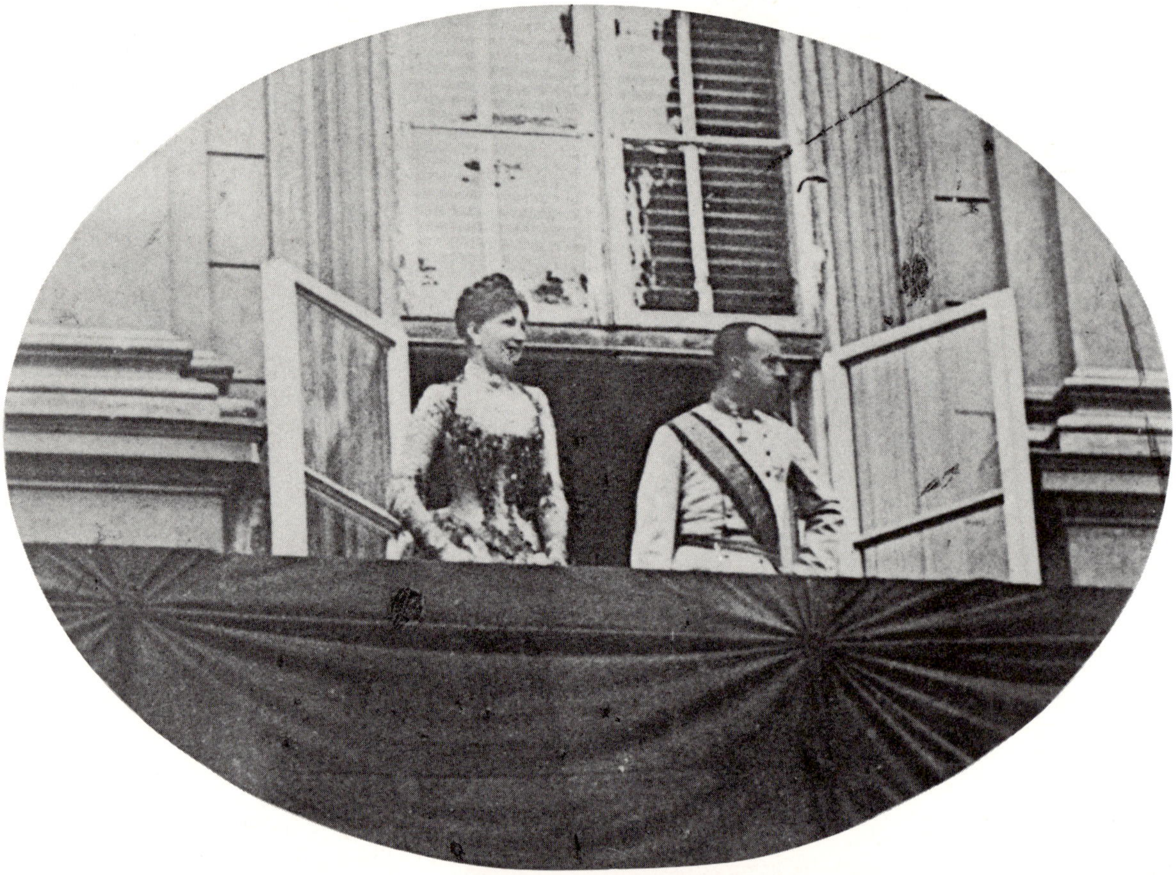

Oben: Offizieller Besuch in Krakau 1887 (bei diesem Anlaß begann offenbar die Romanze Stephanies mit dem in Krakau residierenden Grafen Arthur Potocki).
Rechts: Die Thronfolger der beiden durch ein festes Bündnis verbundenen Reiche Deutschland und Österreich-Ungarn. Von links: Stephanie, Rudolf, Prinz Wilhelm von Preußen, der baldige Kaiser Wilhelm II., und Prinzessin Auguste Viktoria.

Above: Official visit to Cracow in 1887 (this seems to have been the occasion when Stephanie's romance with Count Arthur Potocki began).
Right: The heirs apparent of Austria-Hungary and Germany, now firmly linked by an alliance. From the left: Stephanie, Rudolf, Prince Wilhelm of Prussia, soon to become Emperor Wilhelm II, and Princess Auguste Victoria.

Die Kronprinzenfamilie, gemalt von J. Plagemann anläßlich des fünften Geburtstages der kleinen Erzsi 1888.

The family of the Crown Prince, painted by J. Plagemann to commemorate little Erzsi's fifth birthday in 1888.

Die Kaiserfamilie 1888 (im Sommer und zu Weihnachten), mit der jüngsten Kaisertochter Marie Valerie und der fünfjährigen Erzsi — gesehen von einem patriotischen Zeitungsillustrator.

The imperial family in 1888 (in summer and at Christmas), with the Emperor's youngest daughter, Marie Valerie, and the five-year-old Erzsi — as seen by a patriotic illustrator.

Die Kaiserfamilie in einem Huldigungsblatt anläßlich des 40jährigen Regierungsjubiläums am 2. Dezember 1888. Von links: Erzherzogin Marie Valerie, Prinz Leopold von Bayern mit Gisela, vorne links sitzend Kaiserin Elisabeth, in der Mitte der Kaiser. Rechts die Kronprinzenfamilie. Zwei Monate später setzte Rudolf seinem Leben in Mayerling ein Ende.

The imperial family on an adulatory print commemorating the 40th jubilee of the reign on 2 December 1888. From the left: Archduchess Marie Valerie, Prince Leopold of Bavaria with Gisela, seated on the left Empress Elisabeth, in the centre the Emperor, on the right the family of the Crown Prince. Two months later Rudolf put an end to his life at Mayerling.

Repräsentation

Representational Duties

Im Gegensatz zu seinen beiden Schwestern wurde der Kronprinz von frühester Jugend an als höfischer Repräsentant eingesetzt. Da seine Mutter Elisabeth solche Plagen ablehnte, absolvierten Kaiser und Kronprinz diese Pflichten meist allein.

Unlike his two sisters, the Crown Prince had to represent the court in public from his earliest childhood on. Since his mother Elisabeth shunned such obligations, the Emperor and the Crown Prince had to accomplish these duties mainly on their own.

Bei einem Volksküchenbazar 1876.

At a bazaar in aid of the popular kitchens in 1876.

Franz Liszt konzertiert 1872 vor dem Hof. In der ersten Reihe der Kaiser mit Rudolf und Gisela.

Franz Liszt performs before the court in 1872. In the first row the Emperor with Rudolf and Gisela.

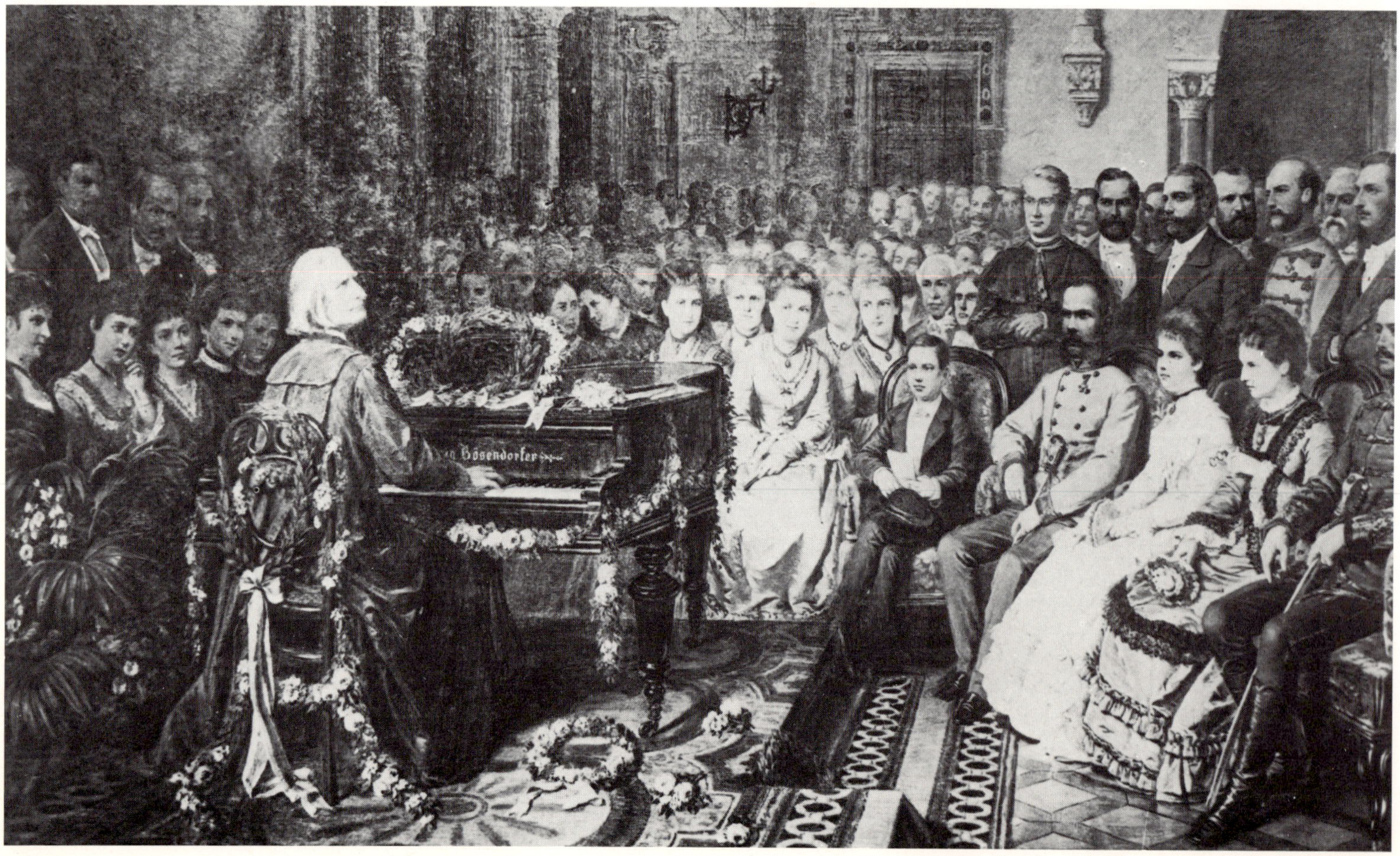

Am 11. August 1882 besuchte das Kronprinzenpaar zum erstenmal offiziell das „Rudolfinerhaus", ein Krankenhaus mit angeschlossener Schule für Krankenpflegerinnen. Dieses unter dem persönlichen Schutz des Kronprinzen stehende Haus wurde in klerikalen Kreisen Wiens kritisiert, weil es bewußt die Krankenpflege nicht wie üblich auf wohltätige Orden beschränkte, sondern auf Laienschwestern jeglicher Konfession. Der Mediziner Prof. Dr. Theodor Billroth (links neben dem jungen Paar) führt durch die neuen Krankensäle, assistiert von Baronin Villa-Secca (im Vordergrund), der Oberin der Pflegerinnen. Rechts hinter dem Kronprinzen sein väterlicher Freund, Graf Hanns Wilczek, Präsident der Rudolfiner, rechts außen Oberstabsarzt Baron Mundy.

On 11 August 1882 the princely couple paid their first official visit to the 'Rudolfinerhaus', a hospital with an attached training school for nurses. The Crown Prince acted as the personal patron of this institution, which was criticised by Viennese clerical circles, as it did not exclusively draw from the charitable orders, but admitted nurses of all denominations. The surgeon Professor Dr Theodor Billroth (on the left) shows the young couple through the new wards; in front Baroness Villa-Secca, the chief matron of the nurses. On the right behind the Crown Prince, his paternal friend Count Hanns Wilczek, President of the Rudolfiner Association, on the extreme right Major (Medical Corps) Baron Mundy.

Zur Silberhochzeit des Kaiserpaares 1879 fand in Wien eine Festvorstellung mit „Lebenden Bildern“ aus der Geschichte des Hauses Habsburg statt. Mitwirkende waren ausschließlich Mitglieder der kaiserlichen Familie. Das Konzept stammte vom Historiker Alfred von Arneth, Prolog und Epilog vom Burgtheaterdichter Josef von Weilen, die Darstellung (unter anderem) von Hans Makart. Dekorationen, Kostüme, Waffen usw. stammten aus den kaiserlichen Museen. Sogar die Krone des Heiligen Römischen Reiches wurde aus der Schatzkammer geholt und dem Kronprinzen als Darsteller seines Ahnen Rudolf von Habsburg auf den Kopf gesetzt.

The silver wedding of the imperial couple in 1879 was celebrated in Vienna with a festive performance of tableaus from the history of the Habsburg dynasty, in which only members of the imperial family took part. The basic plan came from the historian Alfred von Arneth, Josef von Weilen contributed the prologue and epilogue, and Hans Makart (among others) designed the decor. The imperial museums supplied the decorative pieces, costumes, arms and other props. Even the crown of the Holy Roman Empire was taken from the Treasure House to be placed on the head of the Crown Prince, here representing his ancestor Rudolf of Habsbury.

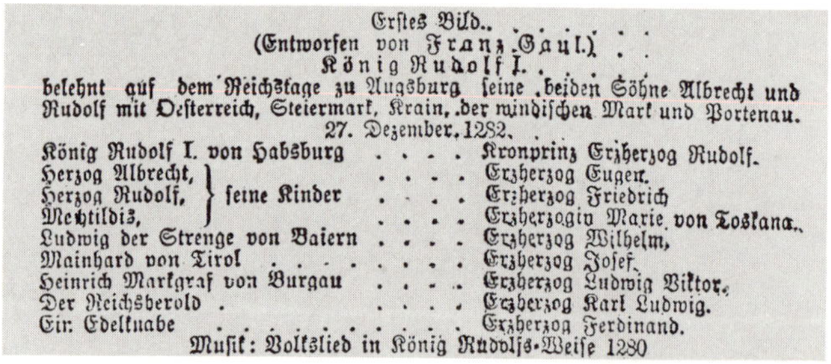

Erstes Bild.
(Entworfen von Franz Gaul.)
König Rudolf I.
belehnt auf dem Reichstage zu Augsburg seine beiden Söhne Albrecht und Rudolf mit Oesterreich, Steiermark, Krain, der windischen Mark und Portenau.
27. Dezember 1282.

König Rudolf I. von Habsburg	Kronprinz Erzherzog Rudolf.
Herzog Albrecht, } seine Kinder	Erzherzog Eugen.
Herzog Rudolf, } seine Kinder	Erzherzog Friedrich
Mechtildis, } seine Kinder	Erzherzogin Marie von Toskana.
Ludwig der Strenge von Baiern	Erzherzog Wilhelm.
Mainhard von Tirol	Erzherzog Josef.
Heinrich Markgraf von Burgau	Erzherzog Ludwig Viktor.
Der Reichsherold	Erzherzog Karl Ludwig.
Ein Edelknabe	Erzherzog Ferdinand.

Musik: Volkslied in König Rudolfs-Weise 1280

▶

In drei der sechs Szenen trat der Kronprinz in prominenter Rolle auf: als Rudolf von Habsburg, der 1282 seine beiden Söhne mit Österreich, Steiermark und Krain belehnt (oben), als Kaiser Karl V., der seinem Bruder Ferdinand auf dem Wormser Reichstag die österreichischen Länder überträgt (unten) und als der Türkensieger Karl von Lothringen (rechts oben).

Altogether, the prince acted prominent parts in three scenes from a total of six: as Rudolf of Habsburg, investing his two sons with Austria, Styria, and Carniola in 1282 (above), as Emperor Karl V, granting the Austrian countries to his brother Ferdinand at the Diet of Worms (below) and as Karl of Lorraine, the Vanquisher of the Turks (above right).

Illustrirtes Wiener

Extrablatt.

Redaction und Druckerei: (wohin alle Zuschriften zu richten sind) IX., Berggasse 31.

Administration, Expedition und Inseraten-Aufnahme: I., Schulerstraße 16.

Eigenthümer und Herausgeber: F. J. Singer.

Manuskripte werden nicht zurückgestellt.

Unfrankirte Briefe werden nicht angenommen.

Nr. 357. | Wien, Donnerstag, 28. December 1882. | 11. Jahrgang.

Kalender für Alle. Namenstag: katholisch: Unschuldige Kinder. protestantisch: Unschuld. Kinder. griechisch: Aggäus.

Gemeinderathsitzung.

Sehenswürdigkeiten: K. k. Arsenal, von 10 Uhr Vormittag bis 2 Uhr Nachmittag geöffnet. — Gemälde-Galerie des Grafen Czernin, VIII. Bezirk Landesgerichtsstraße Nr. 9, von 10 Uhr Vormittag bis 2 Uhr Nachmittag. — Kupferstichsammlung des Erzherzog Albrecht, Augustinerbastei, von 9 — 2 Uhr. — Lehrmittel-Ausstellung der Stadt Wien, VII. Bezirk, Westbahnstraße Nr. 25, im Sommer (Juni — August) von 9 — 12 Uhr Vormittag und von 3 — 6 Uhr Nachmittag, im Winter von 9 — 12 Uhr Vorm. u. v. 2 — 4 Uhr Nachm. — Museum für Kunst und Industrie, von 9 — 4 Uhr. — K. k. Naturalien-(zoologisches) Cabinet, Josefsplatz von 9 — 1 Uhr. — K. k. Schatzkammer, Hofburg, v. 10 — 1 Uhr. (Nur im Sommer.)

Das Haus Habsburg.

Die heutige Nummer mit Inbegriff der Beilage ist 12 Seiten stark.

1882 feierte das Haus Habsburg mit vielen patriotischen Veranstaltungen sein Sechshundertjahr-Jubiläum in Österreich. Als Garant einer glücklichen habsburgischen Zukunft wurde der 24jährige Kronprinz immer wieder neben seine großen Ahnen gestellt — eine Erwartung, der er sich (jetzt noch) voll Tatkraft und gutem Willen zu stellen bereit war.

In 1882 the House of Habsburg celebrated its 600th anniversary in Austria with many patriotic events. As a guarantor of a happy future under Habsburg the 24-year-old prince was often set beside his great ancestors, and he was (as yet) willing to meet this expectation energetically and cheerfully.

Ein Beispiel für viele gleichartige Verpflichtungen: Rudolf besucht das Leopolds-Jubiläum in Klosterneuburg, der alten Residenz der Babenberger.

An example of many similar obligations: Rudolf attends the Leopold jubilee of Klosterneuburg, the ancient residence of the Babenberger.

Der Kronprinz und die Officierswitwe.

Wie es die habsburg-treuen Völker erwarteten, wurde der künftige Kaiser als mitleidsvoller, stets einsatzfreudiger Mensch dargestellt. Kritische Stimmen durften sich im Raum der Donaumonarchie nicht öffentlich äußern.

In accordance with the expectations of the loyal nations, the future Habsburg Emperor war represented as a compassionate, unfailingly active personality. Critical comment could not be voiced in public in the Danube monarchy.

Beispiel einer patriotischen Huldigungsadresse bei Rudolfs Besuch 1887 in der Bukowina.

Example of a patriotic address extolling Rudolf on his visit to Bukovina in 1887.

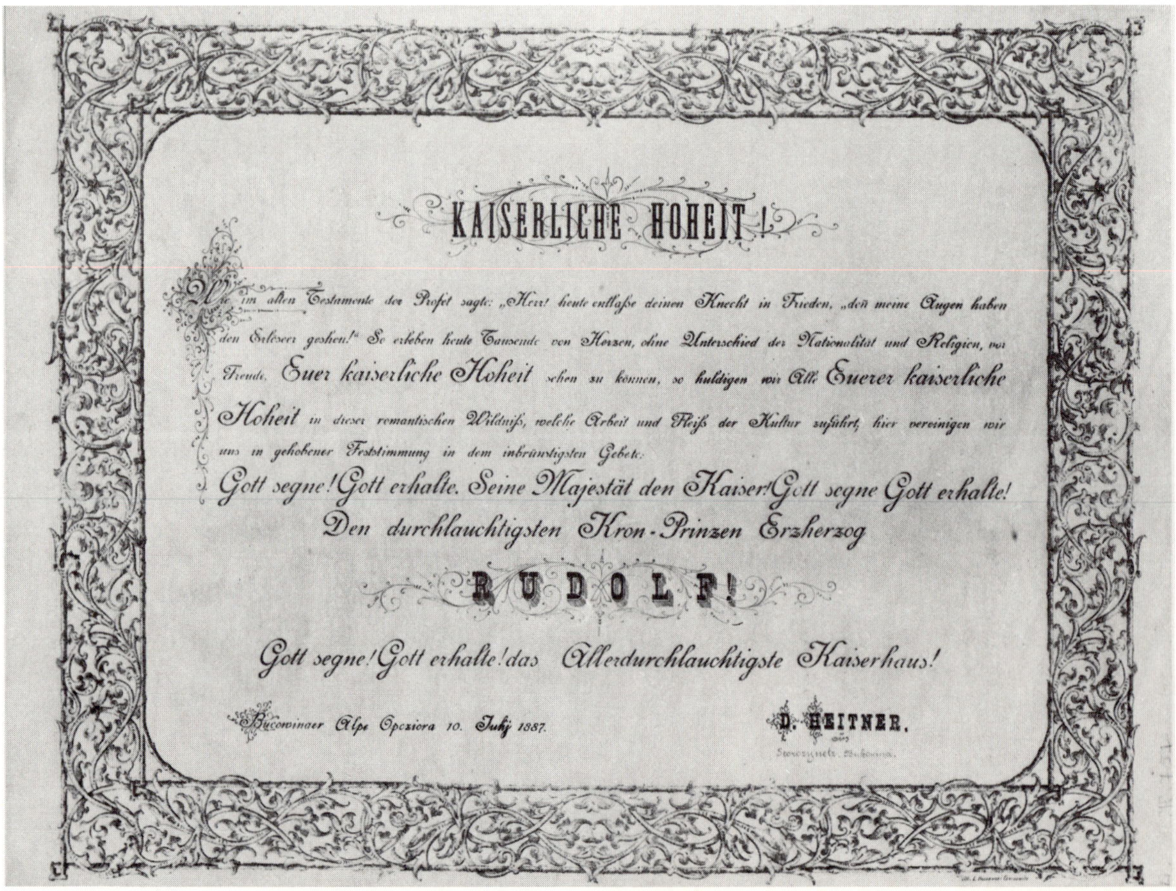

KAISERLICHE HOHEIT!

Wie im alten Testamente der Profet sagte: „Herr! heute entlaße deinen Knecht in Frieden, „den meine Augen haben den Erlöser gesehen!" So erleben heute Tausende von Herzen, ohne Unterschied der Nationalität und Religion, vor Freude, Euer kaiserliche Hoheit sehen zu können, so huldigen wir Alle Euerer kaiserliche Hoheit in dieser romantischen Wildniß, welche Arbeit und Fleiß der Kultur zuführt, hier vereinigen wir uns in gehobener Feststimmung in dem inbrünstigsten Gebete:

Gott segne! Gott erhalte. Seine Majestät den Kaiser! Gott segne Gott erhalte!

Den durchlauchtigsten Kron-Prinzen Erzherzog

RUDOLF!

Gott segne! Gott erhalte! das Allerdurchlauchtigste Kaiserhaus!

Bucowinaer Alpe Opeziora 10. Juli 1887.

D. HEITNER.

Neuigkeits

Welt-Blatt

Eigenthümer, Herausgeber: F. S. Hummel.

Illustrirte Ausgabe, erscheint täglich. Abonnement für Wien per Monat mit Zustellung nur 1 fl., einzelne Nummern 4 kr.

Nummer 132. | Redaction: VII., Kaiserstraße 10. | Wien, Freitag den 12. Juni. | Expedition: I., Schulerstraße 14. | Jahrgang 1885.

4. Seite

Kronprinz Rudolf bei dem großen Brande in Laxenb

Im Juni 1887 besuchte das Kronprinzenpaar Galizien, den Österreich gehörenden Teil Polens. Einer der Höhepunkte der Reise war der Aufenthalt in Krakau, von dem diese Fotodokumentation stammt.

In June 1887 the princely couple visited Galicia, the Austrian part of Poland. One of the highlights of the tour was their stay in Cracow, as recorded on the following photos.

Der Hauptplatz vor der Krakauer Kathedrale.

The main square in front of Cracow Cathedral.

Wartende Honoratioren der Universität …

Expectant notables of the university …

… und des Militärs.

… and of the military.

►

Offizieller Empfang des Paares … Besichtigungen … Der Abschied

Official reception of the couple … visits … the departure.

Für die Balkanpolitik Österreichs engagierte sich Rudolf in mehreren politischen Aufsätzen. Er kannte alle Balkanstaaten von privaten wie offiziellen Besuchen und war mit allen Herrschern am Balkan gut bekannt.

Rudolf engaged himself in Austria's Balkan policy through several political articles. He knew all countries of the Balkan from private or official visits and was well acquainted with all their rulers.

Hier Szenen der Orientreise des Kronprinzenpaares 1884: Empfang durch den Sultan in Konstantinopel.
Rechts: Besuch in einem Bazar und Abschiedsfeuerwerk.

Impressions from the couple's tour of the Orient in 1884: Reception by the Sultan in Constantinople.
Right: Visit to a bazaar and farewell fireworks.

Empfang an der Grenze zu Montenegro mit der Überreichung von Brot und Wein.

Bread and wine are offered at a reception at the border to Montenegro.

Einzug in der montenegrinischen Hauptstadt Cetinje mit Fürst Nikita und seiner Gemahlin.

Entry into the Montenegrin capital Cetinje with Prince Nikita and his wife.

Höhepunkt des Aufenthaltes in Bukarest war ein großer Ball im Nationaltheater. Königin Elisabeth von Rumänien (als Dichterin Carmen Sylva) erschien dort ebenso wie Kronprinzessin Stephanie in rumänischer Nationaltracht.

The climax of the sojourn in Bucharest was a great ball at the National Theatre. Queen Elisabeth (the authoress Carmen Sylva) and likewise Crown Princess Stephanie appeared in Rumanian national dress.

Ankunft in Belgrad.

Arrival at Belgrade.

Die Okkupation der türkischen Provinzen Bosnien und Herzegowina 1878, die der junge Rudolf als Machterweiterung der Donaumonarchie begrüßte, brachte innen- wie außenpolitisch große Probleme. Innenpolitisch mit dem großen Zuwachs von Mohammedanern und der wirtschaftlichen Rückständigkeit dieser Provinzen, außenpolitisch Verwicklungen vor allem mit der Türkei und Rußland.

The occupation of the Turkish provinces of Bosnia and Herzegovina in 1878, which the young Rudolf had welcomed as an expansion of the Danube monarchy, raised major political problems at home and abroad. Domestic complications were created by the large addition of Mohammedans and the economic indigence of these provinces, abroad the action met with considerable opposition, mainly from Turkey and Russia.

Oben: Loyalitätskundgebung einer herzegowinischen Deputation vor dem Kronprinzenpaar.

Unten: Einzug des Kronprinzenpaares in Sarajewo, der Hauptstadt Bosniens, 1888. Vorher war ein Attentat angekündigt worden. Beim nächsten Besuch eines österreichischen Thronfolgerpaares, Erzherzogs Franz Ferdinand und seiner Frau, der Herzogin von Hohenberg, im Juni 1914 wurde dieses Attentat wirklich ausgeführt.

Above: A deputation from the Herzegovina manifest their loyalty before the princely couple.

Below: Entry of the Crown Prince and his wife into Sarajevo, the Bosnian capital, in 1888. An assassination attempt had been announced previous to the event. On the next visit of an Austrian heir apparent, Archduke Franz Ferdinand and his wife, the Duchess of Hohenberg, in July 1914 the prediction came true.

Als Thronfolger wurde Rudolf auch auf die politisch bedeutsamen Treffen des Kaisers mit dem russischen Zaren Alexander II. mitgenommen.

As the heir apparent Rudolf accompanied the Emperor on his important meeting with the Russian Czar Alexander II.

Oben: Der Zar begrüßt den jungen Rudolf vor dem Treffen auf Schloß Reichstadt in Böhmen im Juli 1876.

Above: the Czar welcomes the young prince before the conference at Reichstadt Castle in Bohemia in July 1876.

Unten: Auch bei der Kaiserbegegnung im Kremsier 1885 wurde wenig erfolgreich über die Balkanpolitik konferiert. Rudolf hier links neben Kaiserin Elisabeth, die die Zarin begrüßt. Kaiser und Kronprinz in russischer Uniform, Zar und Zarewitsch in k. u. k. Uniform.

Below: The meeting of the emperors at Kremsier in 1885 proved similarly abortive. Rudolf stands to the left of Empress Elisabeth, who welcomes the Czarina. The Emperor and the Crown Prince wear Russian, the Czar und Czarevitch k. u. k. uniforms.

Zur persönlichen Bekräftigung des deutsch-österreichischen Bündnisses wurde der Kronprinz immer wieder zu allen möglichen Anlässen nach Berlin entsandt. So zur Taufe des ersten Urenkels Kaiser Wilhelms I., des späteren Kronprinzen Wilhelm (oben), und zur Feier des 90. Geburtstages Wilhelms I. (unten). Die deutsch-österreichische Waffenbruderschaft wurde mit einer Militärparade des Gardehusarenregimentes in Potsdam, dessen Inhaber Rudolf war, demonstriert. (Rudolf in der Mitte links vor Wilhelm I.)

The Crown Prince was variously sent to Berlin to assert the Austrian-German alliance through his presence. Thus he attended the christening of the first great-grandson of Emperor Wilhelm I, the later Crown Prince Wilhelm (above) and the celebrations of the 90th birthday of Wilhelm I (below). The Austrian-German companionship in arms was demonstrated through a military parade of the regiment of Hussar Guards, whose Colonel-in-Chief Rudolf was. (Rudolf left of centre, before Wilhelm I.)

Durch frühe, von den liberalen Lehrern genährte, Sympathien war Rudolf mit England verbunden. Königin Victoria verlieh ihm die Würde des Hosenbandordens. Mit dem Thronfolger, dem späteren König Eduard VII., stand er in persönlichem und politischem Einverständnis.

Encouraged by his liberal teachers, Rudolf always held strong sympathies for Britain. Queen Victoria awarded him the Order of the Garter. Personally as well as politically he felt in accord with the Prince of Wales, the later King Edward VII.

Mayerling

Rudolfs Selbstmord ging eine jahrelange Entwicklung mit enttäuschten Hoffnungen, einer unglücklichen Ehe, schwerer Krankheit, aber auch schuldhaften persönlichen Verstrickungen voraus. Im letzten Lebensjahr — dem berühmten „Dreikaiserjahr" 1888 — kamen schwere politische Differenzen zwischen Kaiser und Kronprinz dazu. Es ging um den Wert des deutsch-österreichischen Bündnisses.

Rudolf's suicide was preceded by years of frustrated hopes, an unhappy marriage and serious illness, but also by personal involvements for which he bore responsibility. The last year of his life — the famous 'three emperors' year' of 1888 — was further darkened by serious political differences between the Emperor and the Crown Prince concerning the significance of the Austrian-German alliance.

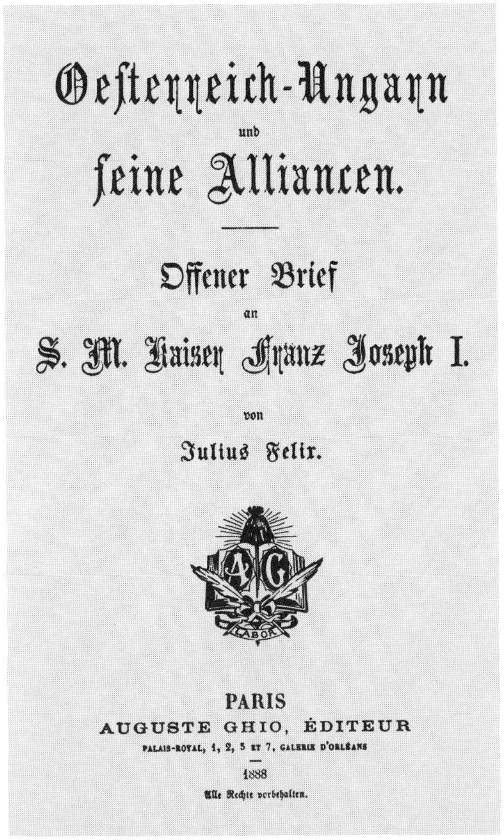

Oesterreich-Ungarn
und
seine Alliancen.

Offener Brief
an
S. M. Kaiser Franz Joseph I.

von
Julius Felix.

PARIS
AUGUSTE GHIO, ÉDITEUR
PALAIS-ROYAL, 1, 2, 5 ET 7, GALERIE D'ORLÉANS
1888
Alle Rechte vorbehalten.

Linke Seite: Die beiden gleichaltrigen Thronerben Rudolf und Wilhelm demonstrieren 1883 für die Festigkeit des deutsch-österreichischen Bündnisses.
Nach der 99tägigen Regierungszeit seines Vaters Kaiser Friedrich III. kam im Juni 1888 der 29jährige Wilhelm II., Rudolfs Antipode, in Berlin an die Macht. Rudolf befürchtete von Wilhelms offen zur Schau getragenem Militarismus einen nahen Krieg, in den Österreich-Ungarn hineingezogen werden und vernichtet werden würde. Als Ausweg sah er nur die Änderung der österreichischen Bündnispolitik zugunsten Frankreichs und Englands. Ideen, die er in einer Broschüre niederlegte (oben).
Ungeachtet aller gegenteiliger Sympathien mußte Rudolf beim offiziellen Besuch Kaiser Wilhelms II. in Wien im Oktober 1888 loyal die Politik seines Vaters unterstützen, die er für falsch hielt – einer der vielen Gründe für Rudolfs Verzweiflung in den Monaten vor Mayerling.

Left page: The two heirs apparent Rudolf and Wilhelm, equals in age, demonstrate the solidity of the Austrian-German alliance in 1883.
When his father, Friedrich III, died after a reign of 99 days, in June 1888, the 29-year-old Wilhelm II, Rudolf's antipode, came to power in Berlin. Rudolf feared that Wilhelm's demonstrative militarism might soon lead to a war that would involve and destroy Austria-Hungary. The only alternative in his view was a turnabout of the Austrian policy of alliance in favour of France and Britain, as he argued in a pamphlet (above).
Contrary to his true sympathies Rudolf had to uphold the policy of his father, which he regarded as false, when Wilhelm II paid an official visit to Vienna in October 1888. This conflict of loyalties was one of the many reasons for Rudolf's despair in the months leading up to Mayerling.

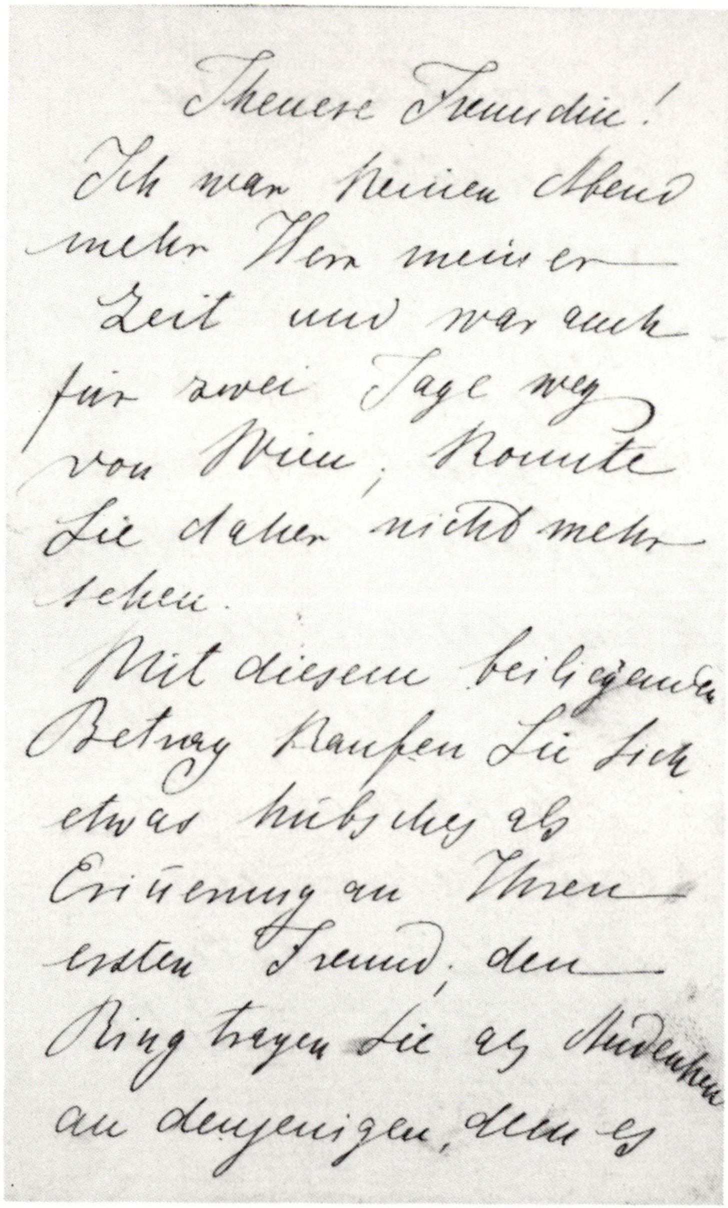

Theuere Freundin!
Ich war keinen Abend
mehr Herr meiner
Zeit und war auch
für zwei Tage weg
von Wien; konnte
Sie daher nicht mehr
sehen.
Mit diesem beiliegenden
Betrag kaufen Sie sich
etwas hübsches als
Erinnerung an Ihren
ersten Freund, den
Ring tragen Sie als Andenken
an denjenigen, dem es

Neben politischen Schwierigkeiten, Differenzen mit dem kaiserlichen Vater, einer sich stets verschlimmernden Krankheit (Gonorrhoe) hatte Rudolf in den letzten beiden Lebensjahren erhebliche Eheschwierigkeiten. Während seine Frau Stephanie von ihrer „großen Liebe", dem Grafen Arthur Potocki schwärmte (Foto oben) und sich meist außerhalb Wiens aufhielt, führte Rudolf ein wildes Leben. Zeichen großer Sorglosigkeit ist auch dieser eigenhändig geschriebene Brief an eine „Theuere Freundin! Ich war keinen Abend mehr Herr meiner Zeit und war auch für zwei Tage weg von Wien; konnte Sie daher nicht mehr sehen.
Mit diesem beiliegenden Betrag kaufen Sie sich etwas hübsches als Erinnerung an Ihren ersten Freund; den Ring tragen Sie als Andenken an denjenigen, dem es vergönnt war Sie einzuführen in das Zauberreich der Liebe. Hoffentlich werden Sie glücklich und zufrieden, und denken manchmal an Ihren ersten Roman… Ihr alter Freund".

Besides these political troubles, controversies with his father the Emperor, and a constantly worsening illness (gonorrhoea) Rudolf also sustained considerable marital problems during his last two years. While his wife Stephanie enthusiastically clung to her 'one real love', Count Arthur Potocki (above), spending her time mostly outside Vienna, Rudolf led a dissipated life. An example of his extreme carelessness is offered by the following letter written in his own hand: "Dear friend, I had no more evening free and was away from Vienna for two days; could not see you any more for this reason.
Buy yourself something pretty with the enclosed amount in memory of your first friend; wear the ring as a remembrance of him whose fortune it was to introduce you into the mysteries of love. Hoping that you will gain happiness and contentment, and that you will sometimes think of your first romance… Your old friend."

Im März 1888 berichtete Rudolf seiner in Abbazia weilenden Gattin, er habe nun einen „sehr schönen Ulanen-Pelz ... sehr fesch!“, mit dem er sich dann auch fotografieren ließ. Dies sind wahrscheinlich die letzten Fotos. Jedenfalls trug Rudolf bei seiner Fahrt nach Mayerling diesen Mantel.

In March 1888 Rudolf wrote to his wife in Abbazia that he had acquired a "very fine lancer's fur coat ... very sharp", in which he also had his photo taken. These are probably his last photos. In any case, Rudolf wore this coat on his drive to Mayerling.

Bei seinen amourösen Abenteuern brauchte Rudolf diskrete Hilfe, die ihm unter anderem sein Obersthofmeister, Graf Charly Bombelles (links) und der treu ergebene „Leibfiaker“ Josef Bratfisch (oben rechts) gewährten. Bratfisch war Angestellter der Firma Wollner (rechts unten).

Rudolf needed discreet assistance on his amorous adventures, which he received among others from his chief chamberlain, Count Charly Bombelles (left), and from the devoted 'personal coachman' Josef Bratfisch (above right). Bratfisch was employed by the firm Wollner (bottom right).

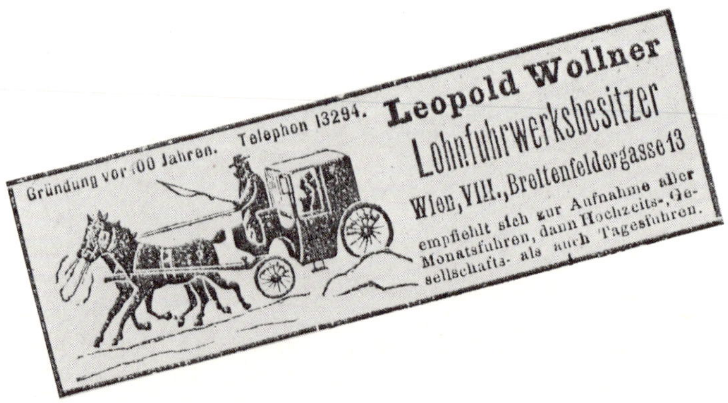

Die wohl einzige Konstante dieser letzten beiden wilden Jahre war Rudolfs Freundin Mizzi Kaspar, die in Mödling in der Feldgasse (hier in Rudolfs Schrift) wohnte. Im Sommer 1888, also wenige Monate vor Mayerling, schlug er Mizzi vor, sich mit ihm gemeinsam beim Husarentempel in Mödling (oben) zu erschießen. Das Mädchen lehnte ab, informierte aber den Wiener Polizeipräsidenten von Rudolfs Selbstmordplänen — ein vergeblicher Rettungsversuch.

During these last two wild years Rudolf's only firm hold was probably his friend Mizzi Caspar, who lived in Mödling, at Feldgasse 9 (in Rudolf's own hand). In summer 1888, a few months before Mayerling, he proposed that Mizzi and he should shoot themselves at the Husarentempel near Mödling (above). The girl refused and even informed the president of the Vienna police about Rudolf's suicide plans — a rescue attempt that failed.

Mit einem Brief und einem eindeutigen Angebot schaffte es die 16jährige Baronesse Mary Vetsera (links), mit ihrem umschwärmten Idol, dem Kronprinzen, in Kontakt zu kommen. Im Winter 1888/89 entwickelte sich zwischen den beiden eine Liebelei, die Marys Mutter, Baronin Helene Vetsera (rechts) verborgen blieb.

With a letter and an unmistakable proposal the sixteen-year-old Baroness Mary Vetsera (left) succeeded in coming into contact with her much-courted idol, the Crown Prince. In the winter of 1888/89 a romance developed between them, which escaped the notice of Mary's mother, Baroness Helene Vetsera (right).

Die Nichte der Kaiserin Elisabeth und Freundin der Baronin Helene Vetsera, Gräfin Marie Larisch (rechts mit Rudolfs jüngerer Schwester Marie Valerie) ermöglichte die heimlichen Rendezvous des Liebespaares.

Countess Marie Larisch, a niece of Empress Elisabeth and friend of Baroness Helene Vetsera (on the right with Marie Valerie, Rudolf's youngest sister), made the secret meetings of the two lovers possible.

Am 5. November 1888 entstand dieses Foto (Marie Larisch links, Mary Vetsera rechts) – es war der Tag, an dem Mary zum erstenmal in Rudolfs Privaträumen in der Wiener Hofburg war, von Marie Larisch geführt.

The photo (Marie Larisch on the left, Mary Vetsera right) was taken on 5 November 1888 – on the same day on which Mary was first guided into Rudolf's private rooms in the Hofburg by Marie Larisch.

Titelblatt der neuen deutschfeindlichen Zeitschrift „Schwarzgelb", die in der Öffentlichkeit mit dem Kronprinzen in Verbindung gebracht wurde und ihn aufs schwerste kompromittierte. (4. der „Zehn Gebote des Österreichers": „Du sollst keinen Götzendienst treiben weder mit Preußen noch mit dem von Preußen beherrschten Deutschland.") Die Zeitschrift polemisierte offen gegen das österreichisch-deutsche Bündnis.

A title page of the new anti-German serial 'Schwarzgelb' which the public associated with the Crown Prince and which compromised him severely. (The fourth of the 'Ten Commandments of the Austrian': "Thou shalt not make an idol of Prussia, nor of the Germany which Prussia rules.") The periodical openly attacked the Austrian-German Alliance.

Redaction u. Administration. Wien, Währing, Herrengasse 12.

Das politische Journal „Schwarzgelb" kann bei allen Postämtern mittelst Briefen oder Postanweisungen an die Administration des „Schwarzgelb" in Wien, Währing, Herrengasse 12, abonnirt werden. Auch sämmtliche Buchhandlungen nehmen Abonnements an.

Unversiegelte Reclamationen wegen nicht erhaltener Nummern werden von der Post portofrei befördert.

Inserate finden im „Schwarzgelb" die weiteste Verbreitung und sind an die Administration zu adressiren. Sämmtliche Inseraten-Bureaus des In- u. Auslandes übernehmen Inserate für das politische Journal „Schwarzgelb".

SCHWARZGELB

Politisches Journal

Organ für altösterreichische und gesammtstaatliche Ideen.

Erscheint jeden Mittwoch.

Abonnements-Bedingnisse:

Das politische Journal „Schwarzgelb" erscheint jeden Mittwoch und ist das billigste politische Journal, denn es kostet blos:

Für Wien und die österreichische Monarchie mit Postversendung: 8 fl. ganzjährig, 4 fl. halbjährig, 2 fl. vierteljährig. Für das Ausland mit Postzusendung: 10 fl. ganzj., 5 fl. halbj., 2 fl. viertelj. Einzelnummern à 15 kr.

Zusendungen für die Redaction u. Administration können auch in unserer Druckerei, Wien, IX., Rögergasse 5, abgegeben werden.

Die Manuscripte werden nach ihrer Verwendung verbrannt. Unverwendete Manuscripte werden nicht zurückgeschickt.

Nr. 3. Wien, Mittwoch den 16. Jänner 1889. II. Jahrgang.

Die Zehn Gebote des Oesterreichers.

1. Gebot:

Du sollst keinen anderen politischen Glauben haben, als den Glauben an das alte, einige und ungetheilte kaiserliche Oesterreich, wie es in Jahrhunderten emporgewachsen ist und an welches deine Väter und Vorväter geglaubt haben.

2. Gebot:

Du sollst dir keine neuen Götter machen, keine neuen Programme, keine neuen Staatsideen, sondern mit deinem ganzen Herzen an dem alten Oesterreich hängen, für welches deine Vorfahren Ströme von Blut vergossen haben.

3. Gebot:

Du sollst dich vor keinem anderen Kaiser neigen als nur vor deinem Kaiser, vor dem Kaiser von Oesterreich, welcher auf dem ältesten und berühmtesten Throne der Welt sitzt und für dein Wohl und für das Wohl deiner Kinder wie ein Vater sorgt.

4. Gebot:

Du sollst keinen Götzendienst treiben weder mit Preußen noch mit dem von Preußen beherrschten Deutschland.

5. Gebot:

Du sollst dich nicht fürchten vor Bismarck oder vor Moltke und dir stets vor Augen halten, daß sie beide bereits müde und schwache Greise sind, die jeden Augenblick vor den Richterstuhl Gottes berufen werden können.

6. Gebot:

Du sollst nicht begehren die Unterdrückung einer Nation, noch die Herrschaft einer Nation über die andere, denn die vollständige nationale Gleichberechtigung und die absolute Gerechtigkeit gegen alle Nationen bilden die sicherste Grundlage der österreichischen Staatsexistenz.

7. Gebot:

Du sollst dich nicht bethören lassen durch die trügerische Lockung, daß Oesterreich seinen Schwerpunkt nach Osten verlegen soll, und sollst unerschütterlich daran festhalten, das Oesterreich bleiben muß, was es war und wo es war.

8. Gebot:

Du sollst mit felsenfester Zuversicht auf die Zukunft Oesterreichs vertrauen und dir von Niemandem die Ueberzeugung rauben lassen, daß Oesterreich ebenso eine Nothwendigkeit für die eigenen Völker wie für das europäische Gleichgewicht ist.

9. Gebot:

Du sollst nicht vergessen, daß Oesterreich die größte Monarchie der Welt war, in welcher die Sonne nicht unterging, daß es noch bis auf unsere Tage in Deutschland und Italien regiert hat und daß es von der Vorsehung berufen ist bis an das Ende aller Welten zu bestehen.

10. Gebot:

Du sollst bei Tag und bei Nacht unablässig darauf sinnen, wie Oesterreich seine frühere Macht und Bedeutung zurückgewinnen kann.

Moriz Szeps, Herausgeber des „Wiener Tagblatts", Verwandter von Georges Clemenceau, Befürworter einer neuen Bündnispolitik, politischer Informant und Vertrauter des Kronprinzen. Die Freundschaft mit diesem prominenten jüdischen Journalisten brachte Rudolf die wütende Gegnerschaft der mächtigen Deutschnationalen und Antisemiten ein.

Moriz Szeps, editor of the 'Wiener Tagblatt', a relative of Georges Clemenceau, advocate of a new policy of alliance, political informer and confident of the Crown Prince. Through his friendship with this prominent Jewish journalist Rudolf incurred the violent enmity of the powerful German nationalists and anti-Semites.

27. Januar

Am Vormittag des 27. Januar 1889 saß der Kronprinz dem galizischen Maler Tadeusz Ajdukiewicz für dieses Reiterbild Modell. Er ließ seinen Uniformrock zurück, um dem Maler bei der Ausarbeitung behilflich zu sein. In diesem Uniformrock wurde nach Rudolfs Tod ein Brief der Gräfin Marie Larisch gefunden, der auf Vermittlerdienste der Gräfin verwies und ihre Verbannung vom Wiener Hof bewirkte.
Rudolf verbrachte diesen 27. Januar in großer Betriebsamkeit: er verbrannte Privatbriefe, brachte Papiere in Sicherheit, traf die Verabredungen mit Mary Vetsera für den nächsten Tag. Ganz offensichtlich stand sein Entschluß, in den Tod zu gehen, an diesem Tag fest.

In the morning of 27 January 1889 the Crown Prince sat for this equestrian picture by the Galician painter Tadeusz Ajdukiewicz. To help the artist put the final touches to it he left his military tunic behind. In this tunic a letter of Countess Larisch was found after Rudolf's death, suggesting that she had acted as a go-between, upon which she was banished from the Vienna court.
Rudolf was very busy on this day: he burnt private letters, secured papers, and made arrangements with Mary Vetsera for the following day. Evidently his decision to end his life must have been irrevocable by this time.

Am Abend des 27. Januar 1889 trat der Kronprinz zum letztenmal in der Öffentlichkeit auf: In der deutschen Botschaft in Wien wurde feierlich der Geburtstag seines Erzfeindes, Wilhelms II., begangen. Kaiser und Kronprinz erschienen in deutscher Uniform, Rudolf in der Uniform des Preußischen Ulanen-Regimentes Nr. 2 (oben, allerdings in einer früheren Aufnahme).
Nach dem Fest hatte Rudolf noch eine Unterredung mit Moriz Szeps, dem er aufgeregt über eine Demütigung durch den Vater berichtete: „Von nun ab sind alle Fesseln, Pflichten, Bedenken von mir abgefallen!" Nach der Unterredung mit Szeps besuchte Rudolf seine Geliebte Mizzi Caspar, die er um 3 Uhr morgens am 28. Januar verließ. Er machte ihr beim Abschied ein Kreuzzeichen auf die Stirn und sagte, er werde sich in Mayerling erschießen.

In the evening of 27 January 1889 the Crown Prince appeared in public for the last time. The birthday of his archenemy Wilhelm II was celebrated at the German Embassy in Vienna. The Emperor and the Crown Prince appeared in German uniforms, Rudolf wore the uniform of the Prussian Lancer regiment no 2 (as above on an earlier photo).
After the festive event Rudolf found time for a talk with Moriz Szeps, to whom he excitedly related a humiliating scene with his father: "From now on all fetters, duties, and compunctions are gone." After this conversation he visited his mistress Mizzi Caspar, whom he left at three a.m. on 28 January. On departing he made the sign of the cross on her forehead, telling her that he would shoot himself at Mayerling.

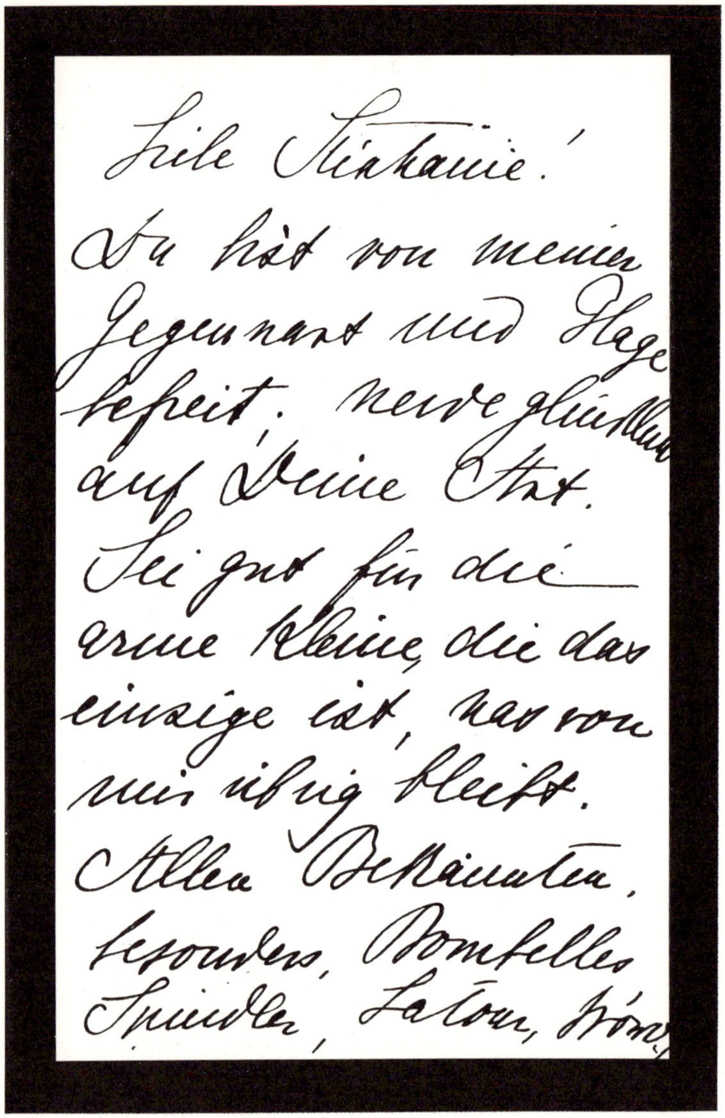
Liebe Stefanie!
Du bist von meiner
Gegenwart und Plage
befreit; werde glücklich
auf Deine Art.
Sei gut für die
arme Kleine, die das
einzige ist, was von
mir übrig bleibt.
Allen Bekannten,
besonders, Bombelles
Spindler, Latour, Wowo,

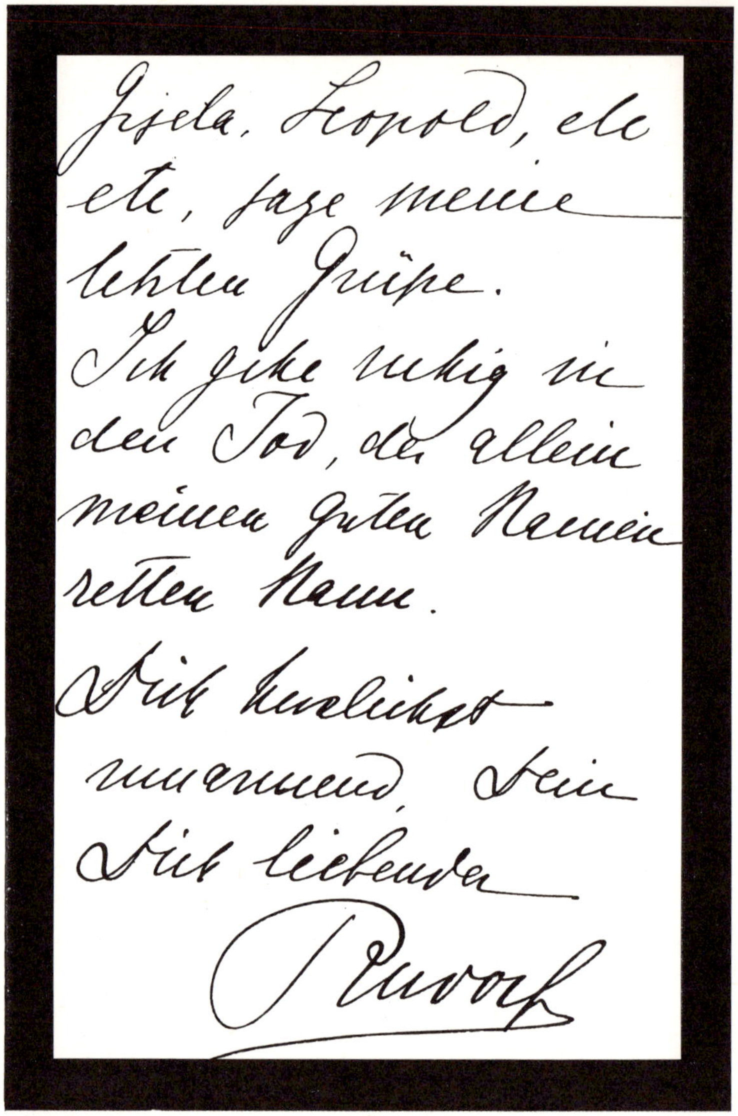
Gisela, Leopold, etc
etc, sage meine
letzten Grüße.
Ich gehe ruhig in
den Tod, der allein
meinen guten Namen
retten kann.
Dich herzlichst
umarmend, Dein
Dich liebender
Rudolf

28. Januar

Spätestens am Vormittag des 28. Januar 1889 schrieb Rudolf vier Abschiedsbriefe an die jüngere Schwester Marie Valerie (Wortlaut bekannt), an die Kronprinzessin (Abbildung oben), an Baron Hirsch (Wortlaut unbekannt) und an Mizzi Caspar (Wortlaut unbekannt). Außerdem verfaßte Rudolf eine Ergänzung zu seinem im März 1887 verfaßten Testament mit einem Begleitbrief an seinen Testamentsvollstrecker Graf Ladislaus Szögyenyi-Marich. (Wortlaut bekannt: „*... Ich muß sterben, das ist die einzige Art, zumindest wie ein Gentleman diese Welt zu verlassen ...*")

„Liebe Stephanie! Du bist von meiner Gegenwart und Plage befreit; werde glücklich auf Deine Art. Sei gut für die arme Kleine, die das einzige ist, was von mir übrig bleibt. Allen Bekannten, besonders Bombelles, Spindler, Latour, Wowo (Rudolfs ehemalige ‚Aja' Charlotte von Welden), Gisela, Leopold, etc. etc. sage meine letzten Grüße.
Ich gehe ruhig in den Tod, der allein meinen guten Namen retten kann.
Dich herzlichst umarmend, Dein Dich liebender Rudolf"

In the morning of 28 January at the very latest Rudolf must have written the four farewell letters addressed to his younger sister Marie Valerie (wording known), to the Crown Princess (above), to Baron Hirsch (wording unknown) and to Mizzi Caspar (wording unknown). In addition Rudolf wrote a supplement to his testament of March 1887 with an accompanying letter to his executor Count Ladislaus Szögyenyi-Marich (wording known: "*... I have to die, that is the only way of leaving the world at least like a gentleman ...*").

"Dear Stephanie, You are now freed from my presence that has plagued you; gain happiness after your own way. Be good to the poor little one, the only thing that remains of me. Give my last greetings to all friends, especially Bombelles, Spindler, Latour, Wowo (Rudolf's former 'Aja' Charlotte von Welden), Gisela, Leopold, etc. etc.
I go to my death calmly; it is the only way of saving my good name.
Embracing you most affectionately, your loving Rudolf."

Nach Rudolfs Anweisungen brachte Marie Larisch am Vormittag die „kleine Mary" in die Hofburg. Hier wartete schon der vertraute „Leibfiaker" Bratfisch, der sie zum Treffpunkt „Roter Stadel", einem Ausflugslokal im Wiener Wald, brachte. Dort erwartete sie den Kronprinzen. Gemeinsam fuhr das Paar dann, von Bratfisch chauffiert, nach Mayerling. Das obige Foto ist nach dem Tod des Paares manipuliert worden — die Köpfe von Rudolf und Mary wurden in das Bild eingesetzt.

In the morning hours Marie Larisch brought 'little Mary' to the Hofburg as Rudolf had directed. Here the trusted 'personal coachman' Bratfisch was waiting to take her to the meeting place 'Roter Stadel', a popular restaurant in the Vienna Woods where she was to expect the Crown Prince. Driven by Bratfisch the couple then made their way to Mayerling together. The photo above was adapted after their death — the heads of Rudolf and Mary were inserted in the picture.

Die 17jährige Mary Vetsera in jener Kleidung, in der sie nach Mayerling fuhr — und in der sie auch begraben wurde.

The 17-year-old Mary Vetsera in the dress which she wore on her way to Mayerling — and in which she was buried.

Etwa eine halbe Stunde nach Mary verließ auch Rudolf die Hofburg – mit einem Einspänner, selbst kutschierend, aber in Begleitung eines Kutschers. Darstellung des Jägers Rudolf Püchel, der in Wien zurückblieb: Rudolf verläßt den Schweizerhof.

About half an hour after Mary, Rudolf also left the Hofburg driving a one-horse carriage though accompanied by a coachman. Drawing by the hunter Rudolf Püchel, who remained in Vienna: Rudolf is leaving the Schweizerhof part of the Hofburg.

28. Januar

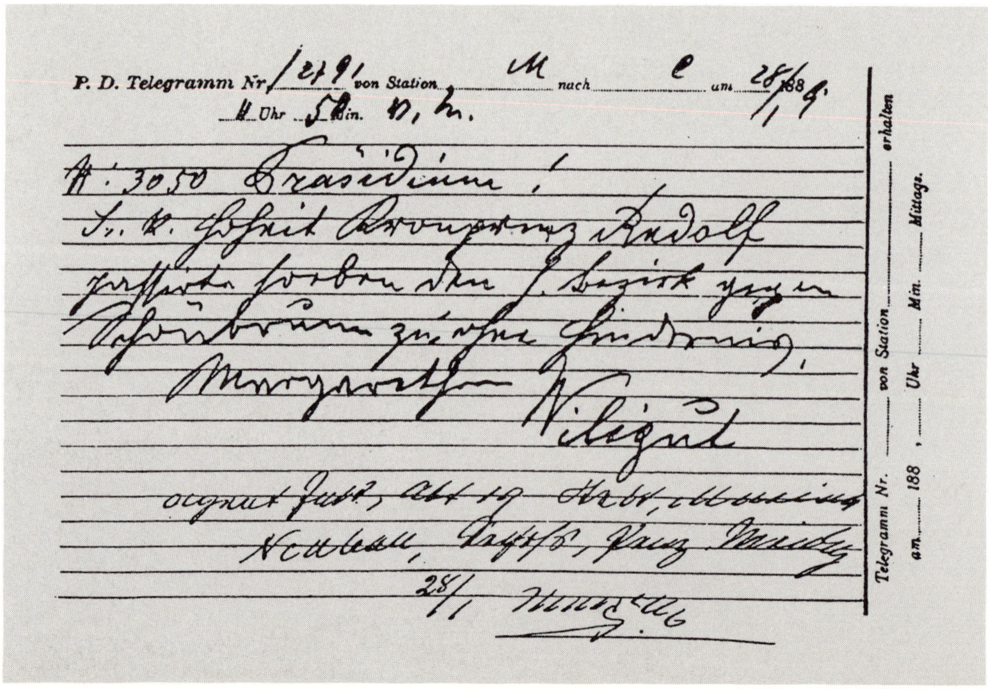

Polizeiagenten beobachteten jede Ausfahrt des Kronprinzen genau und berichteten darüber dem Polizeipräsidium, so auch am 28. Januar, als Rudolf mit dem Kutscher Richtung Mayerling fuhr. Der Wortlaut des Telegramms: „Se. k. Hoheit Kronprinz Rudolf passirte soeben den h. Bezirk gegen Schönbrunn zu ohne Hindernis. Margarethen. Wiligut.“

Police agents closely observed every departure of the Crown Prince to report it to headquarters. This was once more the case on 28 January, when Rudolf departed for Mayerling. The telegram reads: "His Imperial Highness Crown Prince Rudolf has just passed this district towards Schönbrunn unhindered. Margarethen. Wiligut."

Mayerling war ein bescheidenes Jagdschlößchen im südlichen Wiener Wald, wohin sich der Kronprinz häufig zurückzog. Für die Jagd am 29. Januar (an der er dann selbst nicht teilnahm) hatte er zwei Gäste eingeladen – Graf Josef Hoyos und Prinz Philipp Coburg. Um Nachforschungen vorzubeugen, hatte er seine Rückkehr nach Wien für den 29. Januar zum Familiendiner zugesagt – zu dem er dann nicht erschien.

Mayerling was an unpretentious hunting lodge in the Southern Vienna Woods to which the Crown Prince often retired. For the hunt on 29 January (in which he himself was not to participate) he had invited two guests – Count Josef Hoyos and Prince Philipp Coburg. To forestall investigations he had promised his return to Vienna for the family dinner on 29 January – at which he failed to turn up.

Das Schlaf- und Sterbezimmer des Kronprinzen in Mayerling, rekonstruiert von Fritz Judtmann.

The Crown Prince's bedroom at Mayerling where he died, as reconstructed by Fritz Judtmann.

29. Januar

Neben Bratfisch kann nur der Leibdiener Johann Loschek (unten) als wirklicher Zeuge für das Drama gelten. Johann Loschek schrieb 1932 in seinen Erinnerungen, daß der Tod des Paares gemeinsam erfolgte und gegen 6 Uhr 10 am 30. Januar 1889 zwei Schüsse fielen.

Next to Bratfisch only Rudolf's valet Johann Loschek (below) may be regarded as an actual witness of the tragedy. In his memoirs of 1932 Loschek stated that the couple died together as two shots were fired at about ten minutes after six a.m. on 30 January 1889.

Am 29. Januar ließ Rudolf seine beiden Gäste allein auf die Jagd gehen und blieb mit Mary im Schloß zurück. Wahrscheinlich schrieb er jetzt die letzten, im Sterbezimmer gefundenen Briefe (einen Brief an Loschek, ein Telegramm und fünf weitere Briefe, darunter der Brief an Kaiserin Elisabeth und Marys [im Wortlaut bekannte] Briefe an ihre Mutter und Geschwister).
Am Abend war zumindest Mary in fröhlicher Stimmung, als der Fiaker Bratfisch Wiener Lieder sang und pfiff (Mary an ihre Mutter im Abschiedsbrief: Bratfisch habe „ganz wunderbar gepfiffen“). Champagner wurde getrunken und die Gläser schließlich zerbrochen (diese Scherben führten später zu wilden Gerüchten) (links der Sektkübel). Die Fensterläden des Schlosses blieben auf Anweisung Rudolfs geschlossen, um die Polizeiagenten über seine Anwesenheit zu täuschen.

On 29 January Rudolf remained at the lodge with Mary while his two guests went hunting on their own. This may have been the time when he wrote the final letters, which were discovered in the room where he died (a letter to Loschek, a telegram and five further letters, including the letter to Empress Elisabeth and Mary's letters to her mother, brother, and sister, whose wording is known).
In the evening Mary at least was in a cheerful mood, as Bratfisch, the coachman, entertained them with Viennese songs and whistling solos. (Her farewell letter to her mother mentions that Bratfisch "whistled quite beautifully"). Champagne was consumed and the glasses finally broken; the shivers later suggested the wildest rumours (on the left the champagne cooler). The shutters remained closed by Rudolf's orders to deceive the police agents about his presence.

30. Januar

Links: Rudolfs Jagdgast, Graf Josef Hoyos, überbringt die Todesnachricht in der Hofburg.

Left: Rudolf's hunting guest, Count Josef Hoyos, bears the evil tidings to the Hofburg.

Hoyos gab als Todesursache an, Mary Vetsera habe den Kronprinzen und sich selbst mit Zyankali vergiftet. Um diese Todesumstände zu vertuschen, gab der Hof zunächst „Herzschlag" oder „Schlaganfall" als Todesursache an. Gerüchte durchschwirrten die Stadt, daß es um Rudolfs Tod ein Geheimnis geben müsse.

Hoyos stated that Mary Vetsera had poisoned the Crown Prince and herself with cyanide. To cover up these circumstances, the court first declared that the cause of death had been a 'heart attack' or a 'stroke'. The city was rife with rumours that there must be a mystery about Rudolf's death.

Unten: Vor den Fenstern Kaiser Franz Josephs sammeln sich teilnahmsvolle Menschen.

Below: Sympathisers gather before the windows of the Emperor.

Unten: Verkauf der Abendblätter mit der Todesnachricht am 30. Januar.

Rechts: Nachricht der amtlichen „Wiener Zeitung“ mit der Todesursache: Herzschlag.

Below: Sale of the evening papers with the death notice on 30 January.

Right: Bulletin of the official 'Wiener Zeitung' stating the cause of death: heart attack.

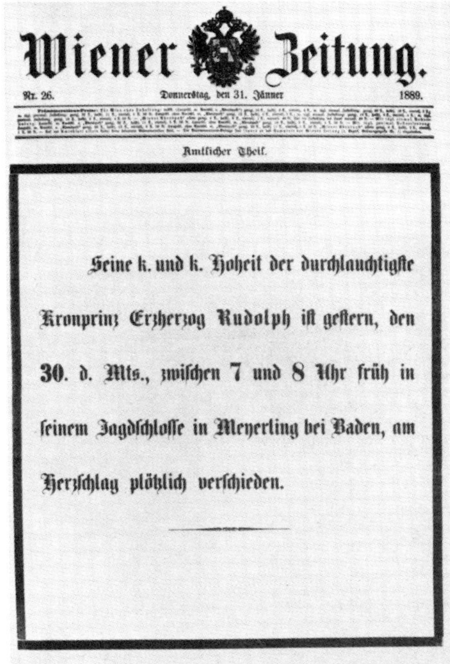

Wiener Zeitung.

Nr. 26. Donnerstag, den 31. Jänner 1889.

Amtlicher Theil.

Seine k. und k. Hoheit der durchlauchtigste Kronprinz Erzherzog Rudolph ist gestern, den 30. d. Mts., zwischen 7 und 8 Uhr früh in seinem Jagdschlosse in Meyerling bei Baden, am Herzschlag plötzlich verschieden.

Die Wiener Börse nach Eintreffen der Todesnachricht.

The Vienna Exchange after the news became known.

K. K. Hof- Burgtheater.

In Folge plötzlichen Ablebens Sr. k. und k. Hoheit des durchlauchtigsten

Kronprinzen Erzherzogs

Rudolph

bleiben die k. k. Hoftheater

heute geschlossen.

Wien, am 30. Jänner 1889.

K. k. Hoftheater-Druckerei I., Wollzeile 17.

Sämtliche Theater der Monarchie blieben wegen der Trauermeldung geschlossen. Wien stand am Höhepunkt der Ballsaison — und mancher Unmut wurde laut.

All theatres in the monarchy remained closed on account of the announcement. This caused some resentment in Vienna where the ball season was at its height.

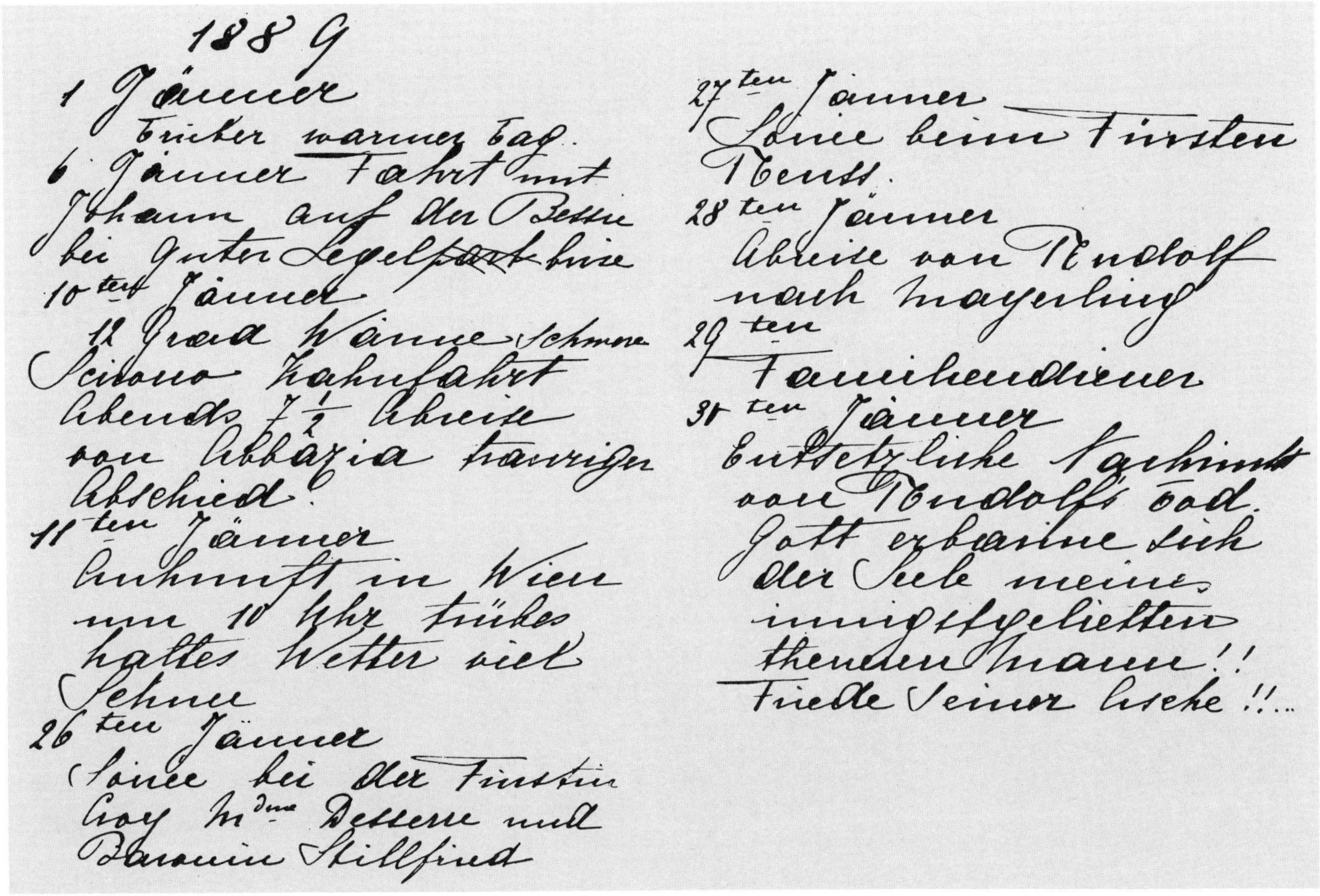
1889
1 Jänner
trüber warmer tag.
6 Jänner Fahrt mit
Johann auf der Bessie
bei guter Segelbrise
10ten Jänner
12 Grad Wärme Schwerer
Scirocco Kahnfahrt
Abends 7 1/2 Abreise
von Abbazia traurigen
Abschied.
11ten Jänner
Ankunft in Wien
um 10 Uhr trübes
kaltes Wetter viel
Schnee
26ten Jänner
Soirée bei der Fürstin
Croy Mdme Desserre und
Baronin Stillfried
27ten Jänner
Soirée beim Fürsten
Reuss.
28ten Jänner
Abreise von Rudolf
nach Mayerling
29ten
Familiendiener
30ten Jänner
Entsetzliche Nachricht
von Rudolfs Tod.
Gott erbarme sich
der Seele meines
innigstgeliebten
theueren Mann!!
Friede Seiner Asche!!...

Aus dem Tagebuch der Kronprinzessin Stephanie:

1889

1. Jänner *Trüber warmer Tag.*
6. Jänner *Fahrt mit Johann auf der Bessie* (einem kleinen Segelschiff) *bei guter Segelbrise.*
10ter Jänner *12 Grad Wärme. Schwerer Scirocco. Kahnfahrt. Abends 7 1/2 Abreise von Abbazia, trauriger Abschied.*
11ten Jänner *Ankunft in Wien um 10 Uhr. Trübes kaltes Wetter viel Schnee*
26ten Jänner *Soirée bei der Fürstin Croy, Mdme. Desserre und Baronin Stillfried*
27ten Jänner *Soirée beim Fürsten Reuss*
28ten Jänner *Abreise von Rudolf nach Mayerling*
29ten *Familiendiner*
30ten Jänner *Entsetzliche Nachricht von Rudolfs Tod. Gott erbarme sich der Seele meines innigst geliebten theueren Mann!!* (sic) *Friede seiner Asche!!…*

Stephanie kam erst am 11. Januar von einem mehrwöchigen Aufenthalt in Abbazia zurück, wo sie nicht nur „Johann" (Erzherzog Johann Salvator, den späteren Johann Orth) zu einer Segelpartie traf, sondern auch ihre „große Liebe", den Grafen Arthur Potocki, auf den sich das Wort „trauriger Abschied" bezieht. Über die Umstände von Rudolfs Tod ist in Stephanies bisher unbekanntem Tagebuch nichts zu finden. Nur die floskelhafte Eintragung des 30. Jänner nimmt Bezug auf Rudolfs Tod.

From the diary of Crown Princess Stephanie:

1889

1 January *Day dull and warm*
6 January *Trip with Johann on Bessie* (a small sailing vessel) *at a fine breeze.*
10 January *12 degrees Celsius. Heavy scirocco. Rowing. 7.30 p.m. departure from Abbazia, sad leave-taking.*
11 January *Arrival in Vienna about 10 o'clock. Dull cold weather much snow*
26 January *Soiree at Princess Croy, Mme. Desserre and Baroness Stillfried*
27 January *Soiree at Prince Reuss*
28 January *Rudolf departs for Mayerling*
29 *Family dinner*
30 January *Horrid news of Rudolf's death. May God have mercy on the soul of my dearly beloved husband! Peace be with him!…*

Stephanie returned from a holiday of several weeks in Abbazia on 11 January only. Here she had joined a sailing party comprising not only 'Johann' (Archduke Johann Salvator, the later Johann Orth), but also her 'only real love', Count Arthur Potocki, to whom the word 'sad leave-taking' refers. Stephanie's diary, which has only recently become known, contains nothing about the circumstances of Rudolf's death. Only the conventional entry of 30 January is related to it.

31. Januar

Während die Leiche Mary Vetseras versteckt gehalten wurde, wurde der tote Kronprinz in der Nacht zum 31. Januar in die Hofburg gebracht: Mit dem Wagen nach Baden, von dort per Zug zum Wiener Südbahnhof, durch die Halle des Südbahnhofes, von dort mit dem Wagen in die Hofburg.

While the body of Mary Vetsera was kept hidden, the dead Crown Prince was taken to the Hofburg in the night of 30/31 January: by coach to Baden, from there by train to the Vienna Südbahnhof, through the ticket hall of the station, and finally by coach to the palace.

Der Leichnam wurde im Schlafzimmer des Kaisers Franz in der Hofburg aufgebahrt. Der durch den Schuß zerstörte obere Schädel wurde zunächst einbandagiert, dann wurde eine Wachsplastik gemacht. Unten die kaiserliche Familie bei dem Toten, von links: Kaiserin Elisabeth und Kaiser Franz Joseph, Rudolfs kleine Tochter „Erzsi“ und die Witwe Stephanie.

The body was laid out in the bedroom of Emperor Franz. The head, which had been smashed by the shot, was first bound up with a bandage, later repaired with wax. Below the imperial family at the bier; from the left: Empress Elisabeth and Emperor Franz Joseph, Rudolf's little daughter 'Erzsi', and the widow Stephanie.

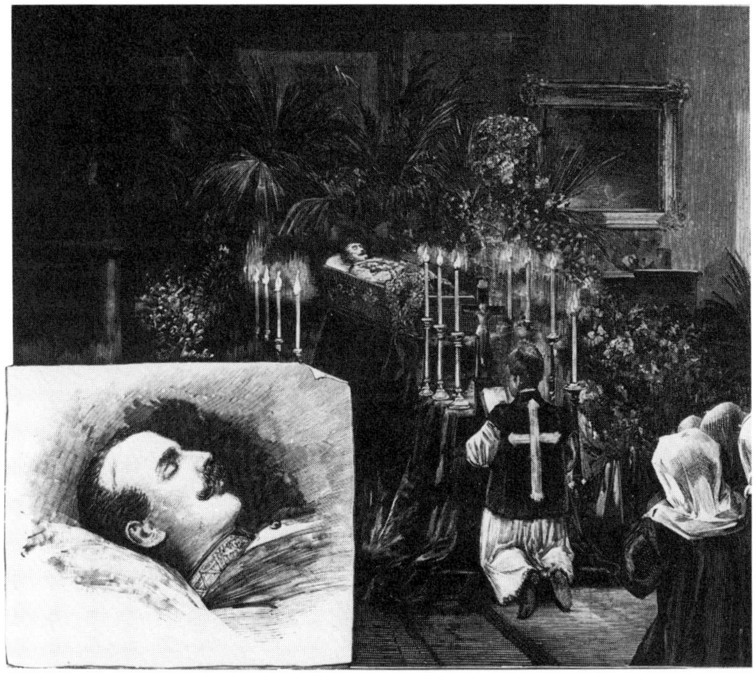

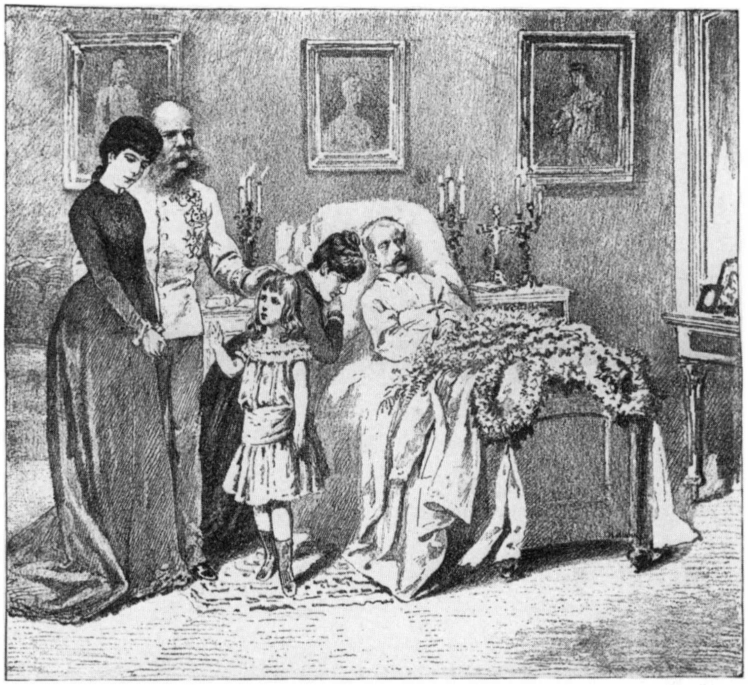

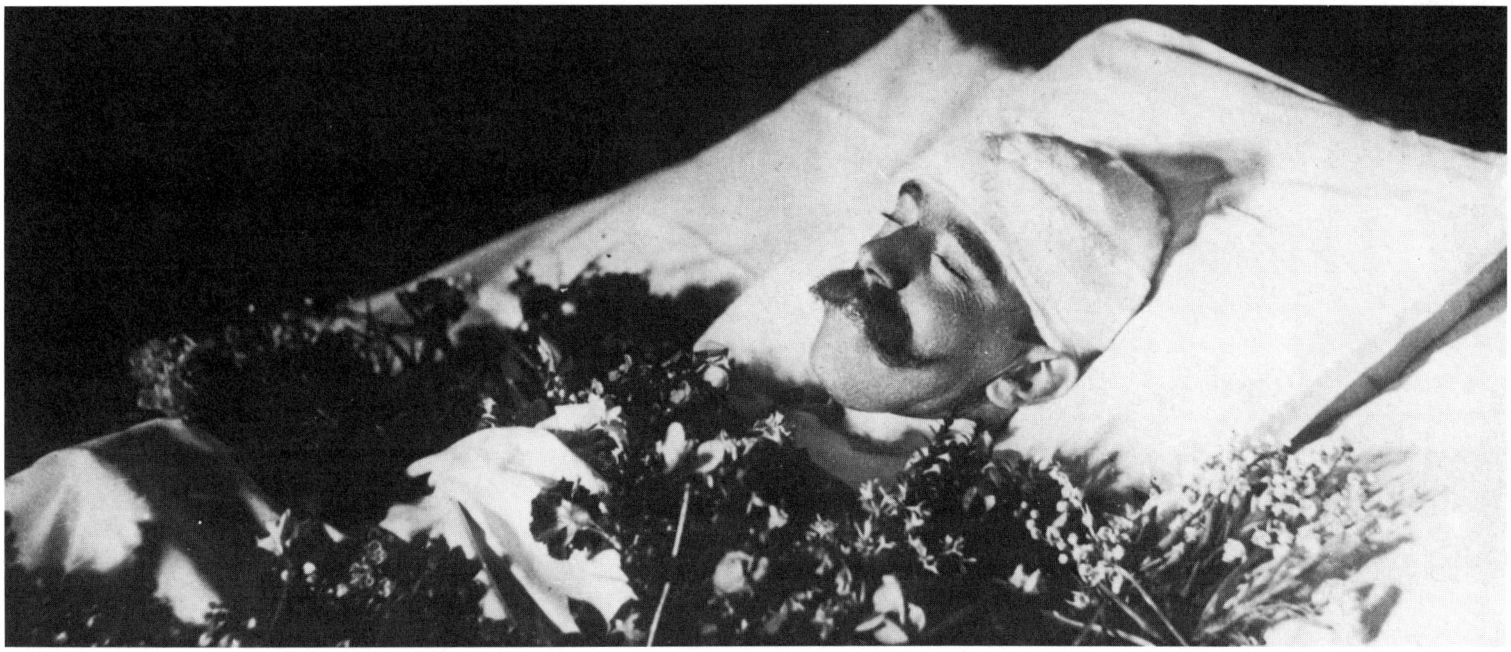

Der Kohlmarkt im Trauerschmuck.
Kohlmarkt (street) with mourning decorations.

Ein Blick in die trauernde Vorstadt.
The mourning suburb.

Nr. 32. Wien, Freitag 1. Februar 1889. **43. Jahrg.**

Das Fremden-Blatt erscheint **täglich.**

Redaktions-Bureau: Wollzeile Nr. 17.

Man pränumerirt Wollzeile Nr. 4.

Ganzjährig	17 fl. 20 kr.
Halbjährig	8 „ 60 „
Vierteljährig	4 „ 30 „
Monatlich	1 „ 50 „

Zustellung in's Haus per Monat 30 kr.

Einzelne Exemplare Morgenblatt **6** kr. Abendblatt **3** kr.

Fremden-Blatt.

(Extra-Ausgabe.)

Abonnement für das Ausland: **Vierteljährig:** für **Deutschland** 8 fl. 70 kr., bei den Postämtern in Deutschland 10 Mk. 30 Pf.; für die **Türkei** 5 fl., **Griechenland** und **Egypten** 5 fl. 40 kr., **Serbien** 8 fl. 10 kr.; für alle anderen dem **Weltpostvereine angehörigen** Länder 9 fl. 90 kr.

Abonnement für **Oesterreich-Ungarn:**

Mit täglich einmal. Postversendung:

Ganzjährig	21 fl. 20 kr.
Halbjährig	10 „ 60 „
Vierteljährig	5 „ 30 „
Monatlich	1 „ 80 „

Mit täglich zweimal. Postversendung

Ganzjährig	25 fl. 20 kr.
Halbjährig	12 „ 60 „
Vierteljährig	6 „ 30 „
Monatlich	2 „ 10 „

Die „Wiener-Ztg." bringt heute die erschütternde Kunde, daß Se. kaiserliche Hoheit

Kronprinz Rudolph

sich selbst den Tod gegeben hat.

Das amtliche Blatt bringt folgenden ergreifenden Bericht:

Die gestern von uns über das niederschmetternde Ereigniß des Hinscheidens Sr. k. und k. Hoheit des durchlauchtigsten Herrn Kronprinzen Erzherzogs Rudolph gebrachten Mittheilungen stützen sich auf die ersten Wahrnehmungen, die von der nächsten Umgebung des erlauchten Dahingeschiedenen, unter dem betäubenden Eindrucke des schicksalsschweren Vorfalles hieher gelangten.

Von dieser Seite wurde, nachdem die Thüre des Schlafzimmers erbrochen worden war, bei dem Eintritte, Se. k. und k. Hoheit entseelt im Bette gefunden. Auf diesem ersten Eindrucke beruhten die nach Wien gelangten Mittheilungen und die Annahme eines Schlaganfalles.

Von den Anwesenden wurde der k. k. Hofrath Professor Dr. Widerhofer in einem dringenden Telegramme nach Mayerling berufen, wohin sich dieser mit dem nächsten Zuge alsbald begab. Dr. Widerhofer constatirte bei der sofort vorgenommenen Untersuchung, daß am Kopfe des Verewigten eine beträchtliche Wunde mit ausgebreiteter Loslösung der Schädeldecke und Schädelknochen vorhanden war, welche den sofortigen Tod zur Folge gehabt haben mußte. Dieselbe wurde als Schußwunde konstatirt und an der Seite des Bettes, in unmittelbarer Nähe der rechten Hand, befand sich der entladene Revolver. Die Lage der Waffe ließ keinen Zweifel darüber, daß die Tödtung mit eigener Hand erfolgt ist. Bei dem Umstande, als die Dienerschaft Sr. k. und k. Hoheit in den Nebenhäusern vertheilt ist, und der der Person des Verewigten zugetheilte Diener von Hochdemselben die Aufträge zur Bestellung der Jagd erhalten und das Haus für kurze Zeit verlassen hatte, konnte die erfolgte Detonation von Niemandem gehört werden.

Die Aufgabe der sofort nach Mayerling entsendeten und nach den diesfalls bestehenden Normen zusammengesetzten Kommission war es: den Thatbestand und die Nebenumstände protokollarisch aufzunehmen.

Wir können nicht verschweigen, daß manche Personen aus der nächsten Umgebung Sr. k. und k. Hoheit in den letzten Wochen mehrfache Zeichen von krankhafter Nervenaufregung an höchstdemselben wahrnahmen, so daß man die Ansicht festhalten muß, dieses schreckliche Ereigniß sei ein Ausfluß momentaner Sinnesverwirrung gewesen.

Außerdem glauben wir anführen zu sollen, daß Se. k. und k. Hoheit seit einiger Zeit häufig über Kopfschmerz klagte, den er selbst auf einen Sturz mit dem Pferde im letzten Herbste zurückführte. Dieser Unfall wurde aber seinerzeit auf ausdrücklichen Befehl Seiner k. und k. Hoheit geheimgehalten.

Verantwortlicher Redakteur Leopold Ritter von Blumencron. Papier, Druck und Verlag der „Elbemühl" Verantwortlich M. Nimrich.

Der kaiserliche Leibarzt Dr. Hermann Widerhofer (oben) fuhr noch am Todestag nach Mayerling und konstatierte Selbstmord durch Erschießen und die vorherige Tötung des siebzehnjährigen Mädchens durch Rudolfs Hand. Als er am Abend nach Wien zurückkehrte und dem Kaiser berichten wollte, war dieser nicht mehr zu sprechen. Erst am Morgen des 31. Januar erfuhr Kaiser Franz Joseph von Widerhofer die wahren Umstände der Tragödie. Nach langer Überlegung entschloß sich der schwer geprüfte Vater schließlich doch, der Öffentlichkeit die Wahrheit – daß Rudolf Selbstmord begangen habe – einzugestehen. Die Nachricht von einer zweiten Leiche wurde mit allen Mitteln der Polizei strengstens unterdrückt.

The Emperor's personal physician, Dr Hermann Widerhofer (above), who went to Mayerling on the very day of the death, ascertained suicide by shooting and the previous killing of the seventeen-year-old girl at Rudolf's hand. When he returned to Vienna in the evening to report to the Emperor, the latter was no longer accessible. Only in the morning of 31 January did Emperor Franz Joseph hear the true circumstances of the tragedy from Widerhofer. After long deliberations the sorely afflicted father finally decided to concede the truth to the public – Rudolf had died by his own hand. The news about a second body was, however, rigidly suppressed by the police.

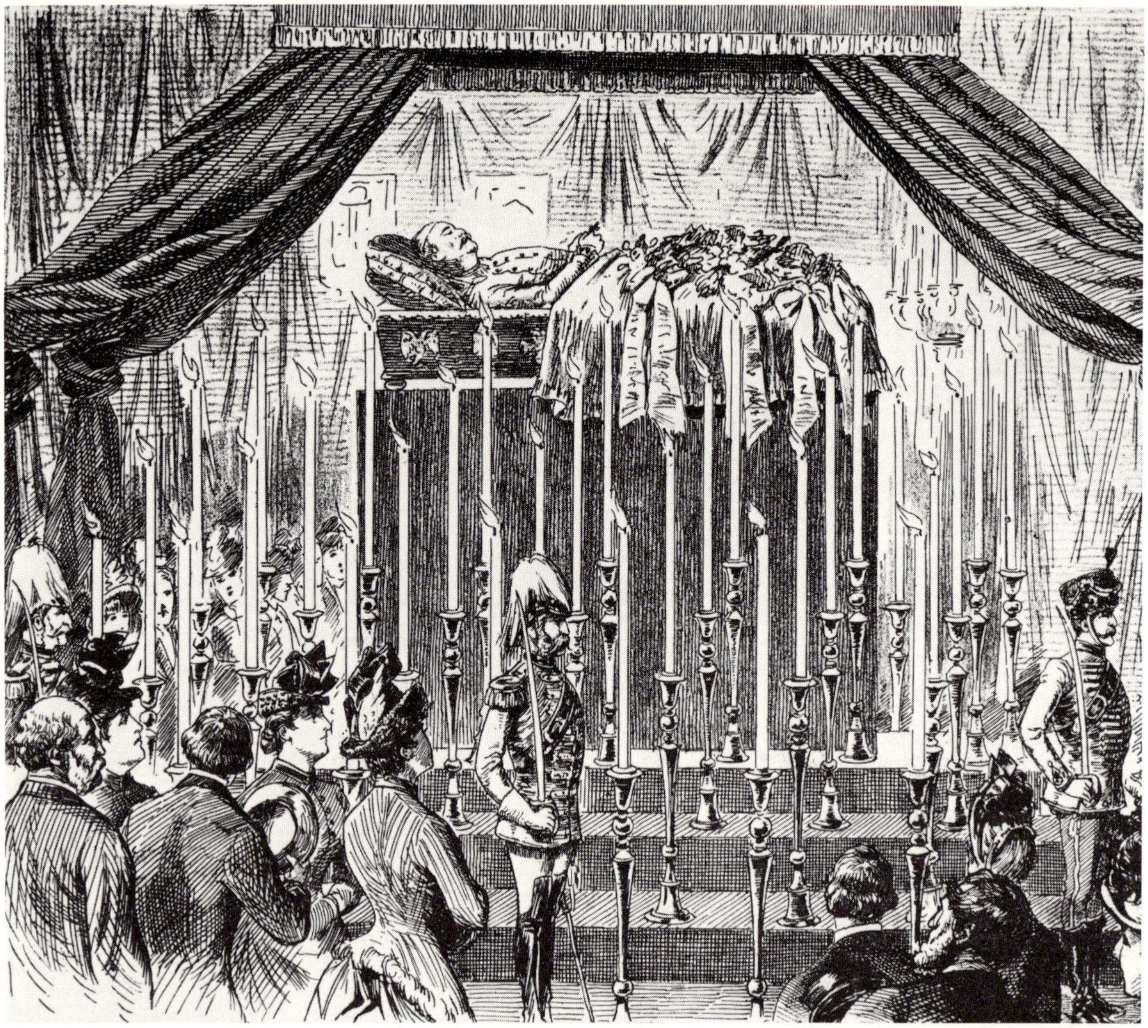

Vor dem Begräbnis wurde der einbalsamierte Leichnam in der Hofburgkapelle auf einem hohen Katafalk ausgestellt. Das Publikum drängte sich vor dem Eingang. Es gab Ohnmachten und Selbstmordversuche in der höchst aufgeregten Stimmung.

Before the funeral the embalmed body was laid out on a tall catafalque in the chapel of the Hofburg. The public crowded the entrance. The atmosphere was so tense that faints and even suicide attempts occurred.

Pränumerationspreise: Für Wien. Morgen- und Abendblatt in unserer Expedition, I., Schulerstraße 11. abzuholen: Monatlich . . . . . 1 fl. 50 kr. Vierteljährig . . . . 4 fl. 30 kr. Mit täglich einmaliger Zustellung in's Haus: Monatlich . . . . . 1 fl. 60 kr. Vierteljährig . . . . 4 fl. 60 kr. Mit täglich zweimaliger Zustellung in's Haus: Monatlich . . . . . 1 fl. 75 kr. Vierteljährig . . . . 5 fl. — kr.

Einzelne Exemplare in Wien: Morgenblatt . . . . 4 kr. Abendblatt . . . . 2 kr.

Redaktion: IX., Universitätsstraße Nr. 4, 1. Stock.

Expedition, Administration, Inseraten-Bureau: I., Schulerstraße Nr. 11.

Manuskripte werden nicht zurückgestellt.

Wiener
Tagblatt.
Demokratisches Organ.
Herausgeber: Moriz Szeps.

Pränumerationspreise: Für Oesterreich-Ungarn. Morgen- und Abendblatt mit täglich einmaliger Postversendung: Monatlich . . . . 1 fl. 80 kr. Vierteljährig . . . . 5 fl. — kr. Halbjährig . . . . 10 fl. — kr. Ganzjährig . . . . 20 fl. — kr. Mit täglich zweim. Postversendung: Monatlich . . . . 2 fl. 20 kr. Vierteljährig . . . 6 fl. — kr. Halbjährig . . . . 12 fl. — kr. Ganzjährig . . . . 24 fl. — kr.

Für das Ausland. Mit täglich einm. Postversendung: Für Deutschland viertelj. 8 fl. — kr., für Montenegro, Serbien vierteljährig 7 fl. 50 kr., für alle anderen dem Weltpostverein angehörigen Länder 9 fl. — kr.

Inserate übernehmen: Die Firmen: J. Danneberg, G. L. Daube & Co., M. Dukes, Alois Herndl, Rudolf Mosse, A. Oppelik, Heinrich Schalek, Moriz Stern in Wien, und alle Annoncen-Agenturen in den Hauptstädten Europas.

Nr. 33. Samstag, den 2. Februar 1889. 39. Jahrgang.

Richtet nicht, damit Ihr nicht gerichtet werdet!

Die Stunde des Scheidens ist gekommen; die Lokomotive des Todes wartet nicht. Noch einmal leuchtet die Sonne des Lebens auf, um Alles mit ihrem Glanze zu vergolden. Aus der Erinnerung und aus der ahnenden Kraft der Seele hebt sich eine Welt empor. Lichtvoll breitet sich die Vergangenheit aus, und leuchtender noch als die Vergangenheit erscheint die Zukunft. Huldigend werden die Lorbeerkränze des Ruhmes dargeboten. Als ein Paradies, in welchem Freundschaft, Liebe und Verehrung wohnen, als ein Paradies erscheint ihm die Welt. Es ist der letzte Augenblick, der letzte Gruß des Lebens. Die Lokomotive des Todes wartet nicht und entsendet ihre dichten Wolken. Aller Glanz verschwindet, Alles ist in Rauch und Nebel gehüllt. Fest und sicher ist die Hand, welche zur tödtlichen Waffe gegriffen hat. Der letzte Augenblick; es ist vollbracht.

Die gestrige Veröffentlichung der „Wiener Zeitung" gibt eine ungeheuere Thatsache in den schlichtesten Worten; aber keine Tragödie und kein Epos eines großen Dichters ist schauervoller, als diese Mittheilung es gewesen. Die große Tragödie des Menschengeschlechtes, hier ist sie uns gegenwärtig, und betäubt von Schmerz und Jammer weichen wir zurück.

Am Rhein stirbt Siegfried, und die deutsche Götter- und [illegible]sage ist eben auch nur eine phantasievolle Verkörperung der Räthsel des Daseins. In der Jahreszeit, wo die Sonne ihre Kraft verliert, fühlten die alten Völker sich erinnert an das Vergängliche des Daseins, und sie klagten und jammerten über den Tod des Sonnengottes; sie feierten seine Wiedergeburt, sobald die Sonne wieder an Kraft gewann und der Frühling sich näherte. Uns ist Siegfried gestorben; das Schicksal des Helden vollzog sich an der Donau und nicht am Rhein. Wohl ist Kronprinz Rudolf den Besten gleich zu achten, die aus deutschen Fürstenhäusern hervorgegangen sind. In ihm lebte die Kraft der Ahnen und er besaß alle Vorzüge, welche den Deutschen adeln, besaß die ganze Kraft des deutschen Geistes. Keiner, der deutsch fühlt, darf ihm den Tribut der Verehrung verweigern. In den hohen Aufgaben des deutschen Geistes war er — bei voller Aufrechthaltung der politischen Grenzen und der Freundschaft der Staaten und Höfe — wie Wenige bestimmt, Allen als Muster voranzuleuchten. Aber die Sonne erlischt, Siegfried stirbt, der Tod breitet sich aus über den Frühling.

Die europäischen Stimmen bilden ein einziges Echo des Ruhmes für den Kronprinzen. Bemerkenswerth erscheint vor Allem ein Ausspruch der „Vossischen Zeitung", der bereits gestern von uns telegraphisch wiedergegeben ist. Da wird gesagt: „Ein einziger Sohn war Kaiser Friedrich, war Kronprinz Rudolf. Er versprach dereinst ein ausgezeichneter Herrscher zu werden. Ein Unstern scheint über den Völkern der alten Welt zu schweben, daß ihnen gerade jene Fürsten geraubt werden, welche nicht nur durch die Geburt berufen, sondern auch durch ihre Eigenschaften auserwählt scheinen, die Krone zu tragen und zu schmücken." Besseres kann in Deutschland nicht über den Kronprinzen gesagt werden, als wenn ein liberales Blatt ihn dem Kaiser Friedrich an die Seite stellt. Die Begabung und die Charaktereigenschaften dieser beiden Todten waren allerdings durchaus verschiedener Natur; aber gemeinsam war ihnen die edelste Gesinnung und der edelste Wille. Eine Parallele zwischen den beiden erlauchten Persönlichkeiten soll nicht gezogen werden. Der Tod des Kronprinzen, wie der Tod Friedrich's bezeichnete einen großen Verlust für den europäischen Westen. Das Schicksal der Zukunft spricht sich darin aus, daß die Edelsten und Besten frühzeitig verschwinden.

Der russische „Grashdanin" aber schreibt: „Es scheint eine Schicksalsfügung darin zu liegen, daß Philosophen nicht in Europa regieren sollen." Es ist das im Grunde genommen derselbe Gedanke, wie er in der „Vossischen Zeitung" ausgesprochen ist, wenn auch das russische Blatt damit eine ganz andere Tendenz verkündet. Nun waren gewiß weder Kaiser Friedrich noch Kronprinz Rudolf Philosophen in dem Sinne, daß sie einem System zu Liebe oder in metaphysischen Sphären schwärmend von den praktischen Aufgaben des Lebens sich abgewandt hätten. Das russische Blatt nennt eben diejenigen Philosophen, welche durch ein unabhängiges Denken sich auszeichnen und die Freiheit ihrer Ueberzeugung gegenüber den Tagesströmungen zu behaupten wissen. Da ist es nun allerdings richtig, daß Kronprinz Rudolf seiner Erziehung gemäß sich auf geistigem Gebiete mit voller Unabhängigkeit zu bewegen vermochte und keiner fremden Hilfe bedurfte. Steckt wirklich etwas Wahrheit in den Aussprüchen der „Vossischen Zeitung" und des „Grashdanin"? Dämmert kein Licht auf, das die Zukunft zu erhellen vermöchte?

Das Fatum, das unbegreifliche, allmächtig waltende Schicksal stellt sich für uns ein, sobald wir den Zusammenhang von Ursachen und Wirkungen nicht mehr übersehen können, oder sobald dieser Zusammenhang durch Geheimnisse und Räthsel uns verdunkelt wird. Es wird die politische Bedeutung des Kronprinzen in den Blättern erörtert. Hat es keine politische Bedeutung, wenn die Hoffnungen der Zukunft zerstört werden? Ist die Tragödie des Menschengeschlechtes, wie sie sich wechselnd, bald in dieser, bald in jener Zone, bald bei diesem, bald bei jenem Volke wiederholt, politisch bedeutungslos? Ist die der deutschen Mythologie angehörende Götterdämmerung auch ein [illegible] ohne „politische Bedeutung"? Die Götterdämmerung ist aber [illegible]ichts Anderes als eine Vorstellung von dem Weltuntergang, von der [illegible]erstörung der Walhalla sogar, in welcher die Götter hausten. Gerade in unserer Zeit, wo die Gespenster der Vergangenheit wieder erstehen, wo die dunklen Gewalten, wo Aberglaube und Wahn wieder lebendig sind, um alles Licht, alle Aufklärung, alle Freiheit zu vernichten, mußten Männer wie Kronprinz Rudolf und Kaiser Friedrich von höchstem Werthe, von höchster Bedeutung sein! Den beiden verbündeten Staaten, Oesterreich und Deutschland war das Glück gewährt, diese Männer zu besitzen, aber schnell ist die Hoffnung zerronnen, und hat jede Erwartung sich in Trauer verwandelt. Die dunklen Gewalten besiegen die Lichtgestalten der Walhalla, und die Götterdämmerung bricht herein.

Unerwartet, scheinbar aller Möglichkeit spottend, kam das jähe Ende einer hoffnungsvollen Lebensbahn. Das menschliche Dasein ist von Feinden umlauert, von Gefahren bedroht. Aber schrecklicher als alle Dämonen der Außenwelt ist der Dämon, der in das Innere tritt. Plötzlich verliert der Mensch die Herrschaft über sich selber, ist der Freiheit seines Denkens und der Freiheit seiner Entschlüsse beraubt. Die gesetzliche Ordnung im Innern ist zerstört, die Autorität aufgehoben, welche die Selbstbeherrschung ermöglicht, und der Mensch empört sich gegen sich selber, empört sich gegen seinen eigenen Willen zum Leben. Dann sieht der Mensch nur Ein Ziel vor sich, dem er nicht mehr ausweichen kann. Er will fort, es reißt ihn hinaus aus dem Leben. Er glaubt selbstständig und frei zu handeln, man hält dafür, daß er Herr seiner Entschließungen sei — und doch ist er von einem Wirbel gepackt, dem er nicht mehr entrinnen kann. Wir wissen, daß das ein unzulängliches Bild für den Geisteszustand Desjenigen ist, der selber die kalte Umarmung des Todes aufsucht. Aber wer vermag das Geheimniß auszusprechen, wer den richtigen Ausdruck für das Räthsel zu finden, das in der Selbstvernichtung uns entgegenstarrt? Undurchdringlich ist das Dunkel, welches beim Tode des Kronprinzen durchbrochen werden müßte, um den Weg zur Wahrscheinlichkeit zu finden. Nicht zu mysteriösen Deutungen und abenteuerlichen Kombinationen soll man sich verleitet fühlen. Im menschlichen Organismus gibt es unberechenbare Vorgänge, gibt es Störungen, die sich gänzlich unvorhergesehen einstellen können!

Richtet nicht, damit Ihr nicht gerichtet werdet! Der Kronprinz war so muthig, so pflichttreu und so ausharrend wie Einer und hatte die zärtlichsten Empfindungen für Alle, die ihm theuer waren. Man denke an die Bedingungen der menschlichen Willensfreiheit, und wie durch innere Störungen diese Freiheit plötzlich aufgehoben werden kann. Dann stehen wir vor einem großen, furchtbaren Räthsel. Ein finsteres, undurchdringliches Schicksal hat den Edelsten getroffen. Sein wahres Ende weckt die schmerzlichste Theilnahme und in hoher Verklärung bleibt seine Gestalt in unserem Andenken.

Angesichts der immer lauter vernehmbaren moralischen Verurteilungen des Selbstmordes und angesichts der immer wilder werdenden Gerüchte über Vorgeschichte und Umstände der Tat sah sich Rudolfs Freund Moriz Szeps zu der beschwörenden Schlagzeile veranlaßt: „Richtet nicht, damit Ihr nicht gerichtet werdet!"

To counter the growing moral condemnation of the suicide and the upsurge of fantastic rumours about its background and circumstances Rudolf's friend Moriz Szeps felt compelled to issue the admonitory headline: "Judge not, that ye be not judged."

Während Mary Vetsera in größter Geheimhaltung und Polizeibewachung auf dem Friedhof bei Heiligenkreuz beerdigt wurde, fand Rudolf in der habsburgischen Familiengruft in der Kapuzinerkirche in Wien die letzte Ruhe. (1898 kam der Sarg seiner Mutter, der Kaiserin Elisabeth, an seine Seite und erst 1916 der Sarg des Vaters.)
Die kirchliche Beisetzung des Selbstmörders war – trotz großer Widerstände – dadurch erreicht worden, daß die Ärzte in einem Gutachten eine Geisteskrankheit des Kronprinzen konstatierten.

While Mary Vetsera was interred in utmost secrecy and under close police surveillance, Rudolf was laid to rest in the family tomb of the Habsburgs in Kapuzinerkirche (Church of the Capuchins). (In 1898 the coffin of his mother, Empress Elisabeth, was placed at his side to be followed in 1916 at last by that of his father.)
The church burial had been attained in the face of considerable opposition through a medical opinion which diagnosed a mental illness of the Crown Prince.

„KRONE“ exklusiv

Exkaiserin bricht ihr Schweigen über Geheimnisse der Monarchie

Zita: Mayerling war Mord!

Lit 800,– Din 35,– Pts 100,– Dr 60,– DM 1,90 sfr 1,70

Freitag, 11. März 1983 / Nr. 8183, S 5,–

Neue Kronen Ze... UN...

Wien 19, M...

Ein PKW
Ein LKW
Keine
Wien: Re
Graz: Ba
Linz: Din
Das barg
terhin La
AUTO

PANORAMA

MITTWOCH, 16. MÄRZ 1983

Otto von Habsburg: ‚Kein Beweis für Mord an Rudolf‘

● „Kronprinz Rudolf hat Selbstmord begangen“

Vermutlich aus religiösen Gründen glaubt Ex-Kaiserin Zita von Österreich (Bild rechts), Kronprinz Rudolfs (Bild links) Tod 1889 in Mayerling sei nicht durch Selbstmord, sondern durch Mord

Zur Zeit von Rudolfs Tod kam es in Budapest zu Straßenunruhen wegen einer neuen Militärvorlage (oben). Die Wirren boten willkommenen Anlaß für Gerüchte, Rudolfs Tod habe einen Zusammenhang mit Ungarn. Andere Gerüchte gaben einer freimaurerischen Verschwörung die Schuld, wieder andere den Juden, den Jesuiten, eifersüchtigen Ehemännern oder Verwandten Mary Vetseras. Ja sogar von einem Erschießungsbataillon im Auftrag des Kaisers, des Erzherzogs Albrechts oder Bismarcks war die Rede. Extrem katholische Kreise, darunter auch Angehörige der Familie Habsburg, unterstützten die Mordtheorien, um auf diese Art die durch den Selbstmörder beschmutzte Ehre des Hauses zu retten. Noch 1983 machte die 90jährige ehemalige Kaiserin Zita mit dieser Mordversion Schlagzeilen, widersprochen von ihrem Sohn Otto von Habsburg.

At the time of Rudolf's death riots occurred in Budapest prompted by a new military budget (above). The disturbances offered the welcome chance for rumours that related the death to Hungarian affairs. Other rumours blamed a masonic conspiracy, still others ascribed the guilt to the jews, the Jesuits, jealous husbands or to Mary Vetsera's relatives. Even a shooting by an execution squad by order of the Emperor, Archduke Albrecht or Bismarck was conjectured. Ultra-Catholic circles, among them members of the Habsburg family, supported the theory of a murder in an attempt to save the honour of the house, which had been besmirched by the suicide. As late as 1983 the 90-year-old Empress Zita caused headlines with this murder version, contradicted by her son Otto of Habsburg.

Dieses Denkmal des Kronprinzen wurde für Elisabeths Schloß Achilleion auf Korfu gebaut, nach ihrem Tod zunächst nach Mayerling gebracht und schließlich im ersten Haupthof des Rudolfsspitals in Wien aufgestellt. Dort wurde es 1945 schwer beschädigt. Seine Bruchstücke befinden sich heute im Depot eines Museums in Wien.

This monument to the Crown Prince was built for Achilleion Castle on Corfu, owned by Elisabeth. After her death it was first moved to Mayerling and finally set up in the first main court of the Rudolf's hospital in Vienna, where it was severely damaged in 1945. Today its broken parts are stored in the depository of a Vienna museum.

Unter unwürdigsten Umständen wurde das 17jährige Opfer von Polizisten bei Nacht nach Heiligenkreuz gebracht. Um die Tatsache dieser zweiten Leiche von Mayerling zu vertuschen, durfte sie nicht im Sarg überführt werden: Mary wurde völlig angekleidet — wobei das beim Schuß ausgefallene Auge mit einem Wäschestück notdürftig eingesetzt wurde —, wie eine Lebende in einen Fiaker geschleift und sitzend zum Friedhof transportiert. Das chiffrierte Telegramm (unten) gab dem Polizeipräsidium Nachricht, daß der Abt von Heiligenkreuz seine Zustimmung zur Beerdigung gegeben habe — für eine angebliche Selbstmörderin nicht selbstverständlich. Im Falle der Wahrheit (daß das Mädchen erschossen wurde) wäre es zu gerichtlichen Untersuchungen gekommen, was verhindert werden mußte. Der Friedhof von Heiligenkreuz wurde wochenlang streng durch Polizei bewacht. Selbst der Mutter wurde der Zugang zum Grab der Tochter verboten. Der Grabstein mit der enthüllenden Inschrift: „Wie die Blume sproßt der Mensch auf und wird gebrochen" — durfte erst viele Jahre später aufgestellt werden.

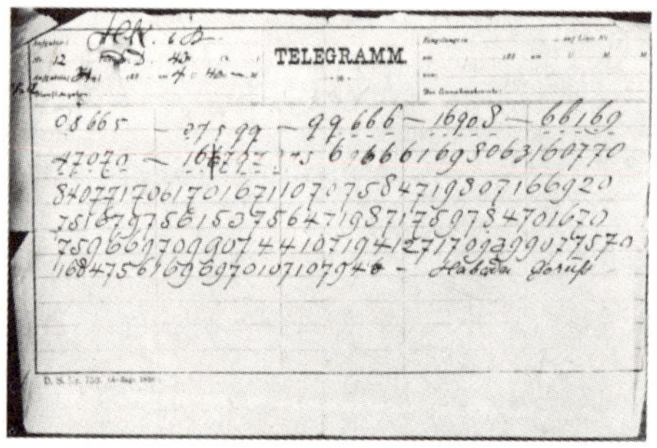

Without any regard to decency the seventeen-year-old victim was transported to Heiligenkreuz at night by the police. To cover up the existence of a second body, it could not be transferred in a coffin. Hence Mary was dressed completely, one eye which had been cast out by the shot was crudely restored with a piece of clothing, after which the body was dragged to a fiacre and driven to the graveyard in a seated position. The coded telegram (below) informed police headquarters that the abbot of Heiligenkreuz had given his permission for the burial, which was anything but a matter of course in case of an alleged suicide. Had the truth about the girl's death become known, judicial investigations would have been unavoidable, and this had to be prevented by all means. The graveyard at Heiligenkreuz was strictly guarded by the police for weeks. Even the mother was refused access to her daughter's grave. The tombstone with the revealing inscription "Man cometh forth like a flower and is cut down" could only be set up many years afterwards.

Abonnements-Preise mit wöchentlicher Postversendung für Österreich-Ungarn: Vierteljährig fl. 1.20, halbjährig fl. 2.40, ganzjährig 4.80. — **Einzelnverkauf** in allen Zeitungs-Verschleißlocalen.
Inserate: Ganze Seite fl. 60.—, halbe Seite fl. 30.—, viertel Seite fl. 15.—, sechstel Seite fl. 10.—, zwölftel Seite fl. 5.—.
Erscheint jeden Samstag. **Redaction und Administration: Graz, Karl Ludwig-Ring Nr. 9.** Einzelne Nummer 10 kr.

Nr. 8. Graz, 23. Februar. 1889.

Baronesse Maria Vetsera als Dichterin.

Das „Illustrierte Grazer Extrablatt", welches seiner Aufgabe entsprechend bestrebt ist, den Lesern stets Interessantes zu bieten, ist in der angenehmen Lage, die speciell für Damenkreise interessante Thatsache zu verrathen, dass die kürzlich in der Blüte ihrer Jahre verschiedene Baronesse **Maria Vetsera, mit deren Bildnis wir in unserer letzten Nummer eine Schönheitsgallerie eröffneten,** mit der schönsten der Gaben, der Poesie, in reichem Maße bedacht war, und es in einer für die Zukunft vielversprechenden Weise verstand, ihre Worte in das Gewand der dichterischen Muse zu kleiden. Unser Blatt ist zugleich das erste und einzige Journal des Continents, welches Dank seiner Beziehungen zu einer in Graz domicilierenden Dame, welche mit der verstorbenen jungen Aristokratin durch innige Freundschaftsbande verbunden war, zwei unserer Redaction in liebenswürdigster Weise zur Verfügung gestellte Proben des dichterischen Könnens der glänzend veranlagt gewesenen Baronesse Maria Vetsera veröffentlicht.

Und wahrlich, aus den Gedichten kann man ersehen, dass das Gemüth der jugendlichen Dame durch ein bewegtes Empfinden einen tiefen Blick für die Freuden und Leiden des Daseins und eine glühende Begeisterung und Hingebung für das ihrem Geiste vorschwebende Ideal besaß. Das erste der beiden nachstehenden poetischen Schöpfungen Maria Vetsera's, das tiefempfundene Poem „Vorüber", entstand vor längerer Zeit auf dem schönen, wogenumspülten Eilande Corfu, auf welchem die Familie Vetsera seit Jahren den Winter zu verbringen pflegte. Der so düster ausklingende Schlussvers steht in gar seltsamen Contrast zu den großartigen überwältigenden Naturreizen jener farbenreichen mit ewigem Frühlinge bedachten Insel, auf der Baronesse Vetsera das eine ungewöhnliche Begabung verrathende Gedicht verfasste, welches sie wenige Wochen vor ihrem Tode jener Dame zur Erinnerung gewidmet.

Vorüber.

Sie saßen beisammen am Meeresstrand,
Umgeben von Felsgeklippe und Sand,
Im silbernen Mondenscheine,
Da wurde gelispelt, geherzt und gekost,
Wenn auch die Brandung gar fürchterlich tost,
Die Wellen rauschten vorüber.

Die Sonne entstieg der Finsternis Schoß,
Da riss der Fischer vom Liebchen sich los,
Die salzige Flut zu befahren;
Zum Boote noch gibt sie ihm das Geleit,
Noch einmal umschlingt und küsst er die Maid,
Dann zog das Schifflein vorüber.

Als nachts an des tobenden Meeres Strand
Mit pochendem Herzen das Mädchen stand,
Des Liebsten Schiff zu erwarten,
Da brachten die Wogen ein leeres Boot:
„Wir zogen den Fischer hinab in den Tod —
Schön Liebchen, nun ist's vorüber."

Doch kaum war's dem Wellenmunde entfloh'n,
Da schwang des Ertrunk'nen Braut sich schon
Vom Strand hinab in die Fluten,
Und aus den schäumenden Wogen im Kreis,
Da tönt's und murmelt's und flüstert es leis':
„Vorüber ist's nun, vorüber!"

Das folgende, einem dem Herzen Maria Vetsera's durch zarte jugendlich-schwärmerische Neigung nahegestandenen Mitgliede der Aristokratie geweihte Gedicht wurde im Herbste vorigen Jahres von der Baronesse Vetsera unserer Gewährsmännin übermittelt.

Dem Freunde ins Stammbuch.

Als ich dies Buch durchlesen,
Worin manch schönes Wort
Von Freundschaft Lieb' und Treue,
Da fiel mein Blick sofort
Auf diese schlichten Verse:
„Vertraue dem Geschick,
Was Jahre nicht versprechen,
Bringt oft ein Augenblick!"

Drauf hab ich die drei Zeilen
Durchdacht in stiller Nacht. —
Nicht Unrecht hat der Dichter,
Der selbe hat gemacht;
Denn welche große Wendung
Im Unglück, wie im Glück,
Bewirket ohne Frage
Oft nur — ein Augenblick.

Und wenn ich an Dich denke,
Stets schwebt mir vor Dein Bild,
Dein seelenvolles Auge
So stolz und doch so mild. —
Nie könnt' ich Dein vergessen,
Mein Alles Du — mein Glück!
Daran wirst Du doch zweifeln
Wohl keinen Augenblick. — —

Wenn einst dies Herz gebrochen,
So feurig-jung, so wild,
Das heiß für Dich geschlagen,
So sei mir Eins erfüllt! —
Ein Wunsch an Dich, Geliebter!
Wenn endet mein Geschick,
Dann weih mir eine Thräne! —
's war nur — ein Augenblick!

Einem vielfach ausgesprochenen Wunsche Rechnung tragend, bringen wir heute ein zweites Bild der jungen, reizenden Dame.

Baronesse Maria Vetsera.

Nach einem zweiten uns zur Verfügung gestellten, im Privatbesitze befindlichen Bilde.

Gezeichnet von P. Hofer in Graz.

Während der Wiener Hof mit größter Konsequenz und Strenge gegen jeden Versuch anging, den Namen Mary Vetseras im Zusammenhang mit dem des Kronprinzen zu nennen (die Mutter mußte sogar falsche Todesanzeigen mit dem Todesort Venedig aussenden), ließ sich die Existenz einer zweiten Leiche von Mayerling im Ausland nicht verheimlichen. Vom Ausland aus setzte sich allmählich – trotz aller Beschlagnahmungen und Strafen der österreichischen Polizei und trotz aller vom Hof genährten Gerüchte einer Ermordung des Kronprinzen durch feindliche Mächte – die Wahrheit durch. Der Name der Toten durfte allerdings nur in unverfänglichen Zusammenhängen genannt werden, wie hier vom „Grazer Extrablatt".

While the Vienna court met any attempt to connect the name of Mary Vetsera with that of the Crown Prince with unalterable severity (the mother was even forced to send out false obituary notices which gave Venice as the place of death), the fact of a second body at Mayerling could not remain a secret to foreign observers. Gradually the truth seeped through from abroad – despite confiscations and police penalties and contrary to various rumours about a murder of the prince by foreign powers, which the court had nourished. Nevertheless, the name of the dead girl must still not be mentioned, except in an entirely unrelated context, as in this case by the 'Grazer Extrablatt'.

Kronprinzessin Stephanie, schon mit 24 Jahren Witwe, lebte mit ihrer Tochter Elisabeth weiter am Wiener Hof. 1900 heiratete sie in morganatischer Ehe den ungarischen Grafen Elemer Lónyay, der erst von Kaiser Karl 1917 zum Fürsten erhoben wurde. Die Beziehung zur Tochter, die inzwischen den Prinzen Otto Windischgrätz geheiratet hatte, war außerordentlich gespannt und wurde schließlich nur noch über Rechtsanwälte abgewickelt. Das Ehepaar Lónyay kaufte das Schloß Oroszvar in Ungarn und lebte dort, bis es 1944 vor den Russen flüchten mußte. Die Benediktinerabtei Pannonhalma bei Györ nahm das alte Ehepaar auf, das auch kurz nacheinander hier starb und in der Krypta der alten Abtei beigesetzt wurde. Unten Stephanies Grabinschrift in ungarischer Sprache.

Crown Princess Stephanie, a widow at the age of 24, continued to reside at the Vienna court with her daughter Elisabeth. In 1900 she contracted a morganatic marriage with the Hungarian Count Elemer Lónyay, who was made a prince as late as in 1917 by Emperor Karl. Her relations to her daughter, who had married Prince Otto Windischgrätz in the meantime, became extremely strained and were finally entrusted to lawyers. The Lónyays obtained Oroszvar Castle in Hungary where they lived until 1944 when forced to flee from the Russians. The Benedictine abbey Pannonhalma near Györ accomodated the old couple, who died here one shortly after the other to be buried in the crypt of the ancient abbey. Below the inscription on Stephanie's tombstone in Hungarian.

Die Tochter „Erzsi" war laut Rudolfs Abschiedsbrief an Stephanie „das einzige, was von mir übrigbleibt". Zeitlebens hielt sie das Andenken an ihren geliebten Vater hoch und wandelte auch politisch in seinen Spuren. 1902 heiratete sie den Prinzen Otto Windischgrätz und gebar vier Kinder: (von links) Rudolf, Stephanie, Ernst Weriand und Franz Joseph. Nach der Scheidung fand sie nach vielen wilden Jahren Ruhe in der Beziehung zum sozialdemokratischen Politiker Leopold Petznek, den sie 1948 heiratete. Sie starb 1963, sieben Jahre nach dem Tod ihres Mannes, in Wien und setzte die Gemeinde Wien zu ihrem Haupterben ein, da sie mit den Kindern aus der Windischgrätz-Ehe im Streit lag.

The "only thing that remains of me", as Rudolf put it in his farewell letter, was his daughter 'Erzsi'. Throughout her life she upheld the memory of her beloved father, following in his political footsteps even. In 1902 she married Prince Otto Windischgrätz, whom she bore four children: (from the left) Rudolf, Stephanie, Ernst Weriand, and Franz Joseph. After her divorce and many turbulent years she finally settled down to a permanent relationship with the socialist politician Leopold Petznek, whom she married in 1948. She died in Vienna in 1963, seven years after her second husband. As Elisabeth Petznek had been at variance with her children from her first marriage, she appointed the Vienna county council her chief heir.

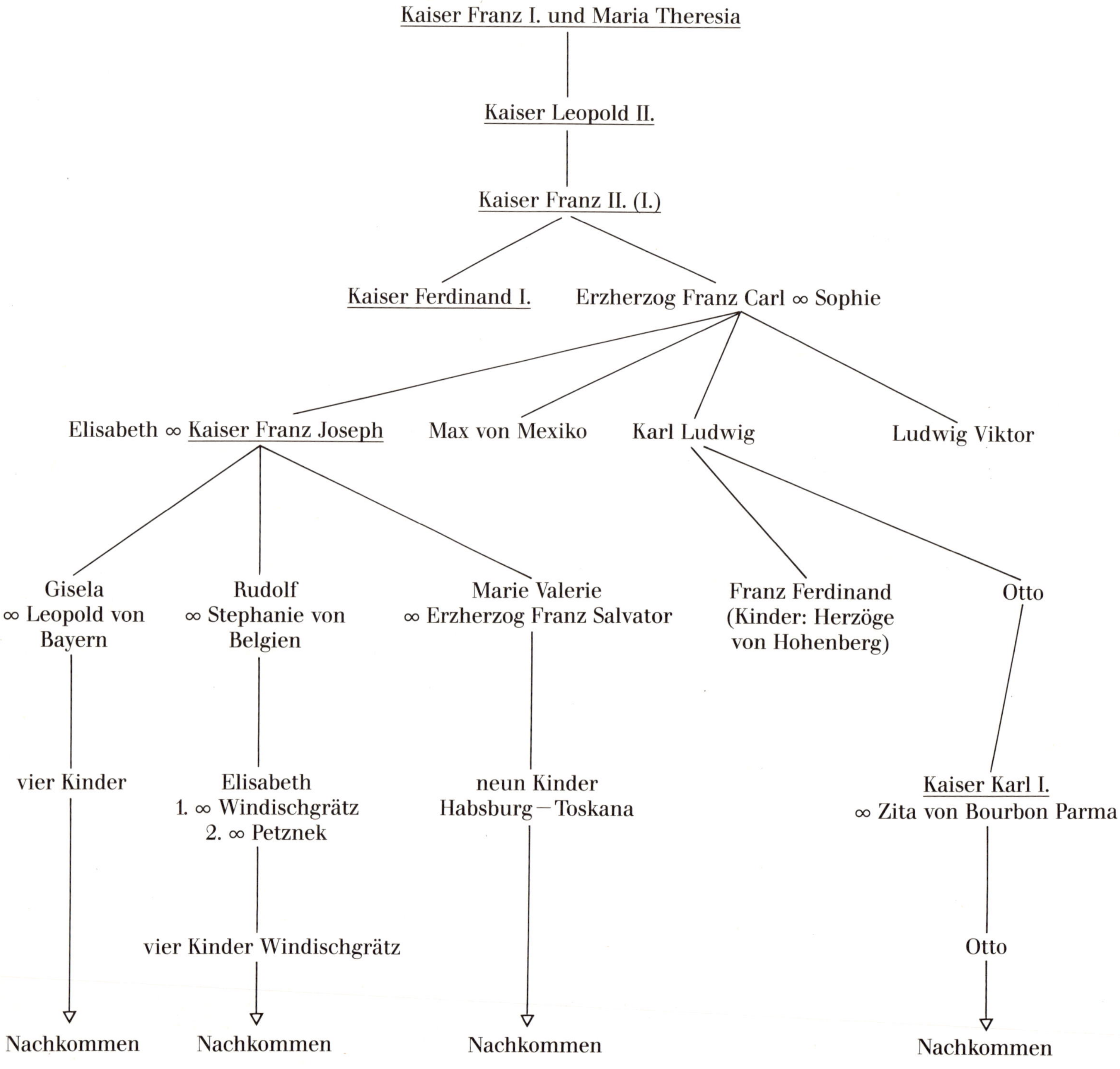
Kaiser Franz I. und Maria Theresia
Kaiser Leopold II.
Kaiser Franz II. (I.)
Kaiser Ferdinand I.
Erzherzog Franz Carl ∞ Sophie
Elisabeth ∞ Kaiser Franz Joseph
Max von Mexiko
Karl Ludwig
Ludwig Viktor
Gisela ∞ Leopold von Bayern
Rudolf ∞ Stephanie von Belgien
Marie Valerie ∞ Erzherzog Franz Salvator
Franz Ferdinand (Kinder: Herzöge von Hohenberg)
Otto
vier Kinder
Elisabeth 1. ∞ Windischgrätz 2. ∞ Petznek
neun Kinder Habsburg – Toskana
Kaiser Karl I. ∞ Zita von Bourbon Parma
vier Kinder Windischgrätz
Otto
Nachkommen
Nachkommen
Nachkommen
Nachkommen

STAMMTAFEL

Seiner kaiserlichen Hoheit des durchlauchtigsten Herrn Erzherzogs RUDOLF, Kronprinzen und Thronfolger von OESTERREICH und Darstellung der allmäligen Vergrösserung dieses Kaiserthums bis zu seinem gegenwärtigen Umfange, sowie der Verschwägerungen des Habsburg-Lothringischen Kaiserhauses mit den sächsischen Fürstenhäusern:

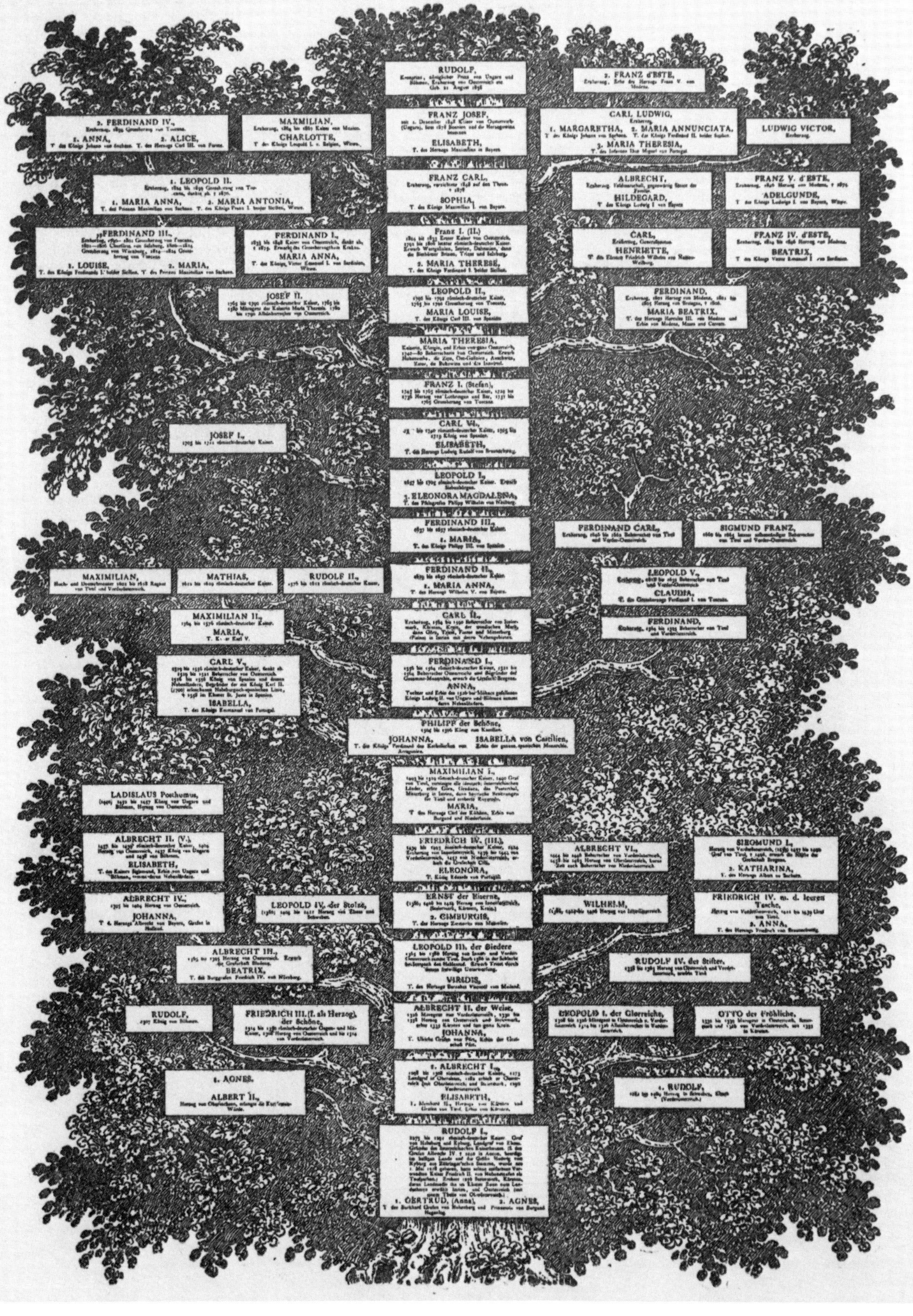

Verzeichnis der Abbildungen